GOLDMANN
ESOTERIK

W0176388

Buch

Die bis auf wenige Ausnahmen Männern vorbehaltenen Geheimbünde des Mittelalters, der Neuzeit und der Moderne haben ihre Wurzeln in den Mysterienkulten. In dieser informativen Übersicht zu den großen, einflußreichen Geheimbünden geht der Autor auf die jeweiligen geistigen Wurzeln und Motive und auf das ideengeschichtliche Umfeld ein.

Autor

Franjo Terhart, ehemals Lehrer für Latein und Philosophie, ist Autor von Sachbüchern und Romanen und als Kulturbeauftragter der Stadt Neukirchen-Vluyn tätig.

FRANJO TERHART

EINWEIHUNGSLEHREN

Templer, Rosenkreuzer, Freimaurer
und andere Geheimbünde

GOLDMANN VERLAG

Originalausgabe

Umwelthinweis
Alle gedruckten Materialien dieses Taschenbuches
sind chlorfrei und umweltschonend.
Das Papier enthält Recycling-Anteile.

Der Goldmann Verlag
ist ein Unternehmen der Verlagsgruppe Bertelsmann

Originalausgabe August 1996
© 1996 Wilhelm Goldmann Verlag, München
Umschlaggestaltung: Design Team München
Satz: Uhl + Massopust, Aalen
Druck: Elsnerdruck, Berlin
Verlagsnummer: 12269
Lektorat: Olivia Baerend
Redaktion: Ingrid Holzhausen
Herstellung: Heidrun Nawrot
Made in Germany
ISBN 3-442-12269-4

10 9 8 7 6 5 4 3 2 1

Inhalt

»Als Theodorus einst bei dem Oberpriester Eurykleides weilte, fragte er diesen: ›Sage mir, Eurykleides, wer sind die Frevler wider die Heiligkeit der Mysterien?‹
Diejenigen, die diese Geheimnisse den Uneingeweihten ausplaudern.«

Diogenes Laertius *Leben und Meinungen berühmter Philosophen*[1]

Einleitung

»Wenn ich diese meine magische Verpflichtung breche, unter-
werfe ich mich mit meiner Zustimmung einem Strom der
Macht, in Gang gesetzt von den göttlichen Hütern dieses Ordens, die im Lichte ihrer vollkommenen Gerechtigkeit leben
und vor denen meine Seele nun steht. Sie können schnell sein
wie der Wind. Sie können zuschlagen wie kein Mensch. Und
wie ich meinen Nacken unter das Schwert des Hiereus neige, so
gebe ich mich in ihre Hände, ob für Rache oder Lohn.«[2]

Dies war der Schwur zur Verschwiegenheit, den jeder, der in
den 1888 in England gegründeten Geheimorden *Golden Dawn*
aufgenommen werden wollte, laut aussprechen mußte. Mit diesem Treueschwur sollte verhindert werden, daß bestimmte für
den Geheimbund charakteristische »Geheimnisse« nach
außen drangen. Der *Golden Dawn* war zugleich der letzte bekannt gewordene Sproß der antiken Mysterienkulte, welche
ihre Schüler – wie in mittelalterlichen und modernen Geheimbünden üblich – stufenweise an das Geheimnis von Leben und
Tod heranführten.

Jeder, der Einweihung begehrte und damit in einen geheimen Bund aufgenommen werden wollte, war vorher eindring-
lich auf die Konsequenzen dieses Schrittes aufmerksam gemacht worden. Für ihn selbst bestanden die Konsequenzen
zum einen darin, daß er Wissen erhielt, das imstande war, ihn in
eine tiefe seelische Verwirrung zu stürzen, und zum anderen
konnte es Strafen nach sich ziehen, wenn er dieses Wissen öffentlich bekannt machte.

Während die ägyptischen Priester mit starker Hand die ehernen Türflügel des Tempels öffneten, um dem Einzuweihenden oder Mysten den Weg zur Initiation freizugeben, erklärten sie, daß ihm auf seinem Weg in die Tiefe mannigfache Gefahren drohten. Dem Mysten wurde zu verstehen gegeben, daß die geöffnete Tür zwar den Eingang, aber nicht zugleich den Ausgang darstellte.

Die großen Mysterienkulte der Antike sind schon lange untergegangen. Viele ihrer Riten und Inhalte tauchten jedoch in den westlichen, esoterisch ausgerichteten Geheimbünden wieder auf. Was es an Überlieferungen und Traditionen in den ersten nachchristlichen Jahrhunderten noch gegeben haben mochte, wurde von der erstarkenden christlichen Kirche bis Ende des 6. Jahrhunderts eliminiert. Ein gutes Beispiel hierfür ist der letzte römische Kaiser Julian (gest. 336 n. Chr.), der wegen seiner Hinwendung zu den antiken Mysterien von Kirchenhistorikern auch »Apostata« – der »Abtrünnige« – genannt wurde.

Sein Versuch, katholische Kirche und heidnische Religion im römischen Reich gleichzustellen und die Kirche auch zur Wiedergutmachung an den heidnischen Religionen zu zwingen, deren Güter und Kultstätten sie zum größten Teil konfisziert hatten, scheiterte. Vor allem deshalb, weil Julian, dem mittlerweile institutionalisierten Christentum statt eines verjüngten, zukunftsträchtigen Heidentums nur ein erstarrtes entgegensetzte. So wurde der »Abtrünnige« zuletzt Opfer eines heimtückischen Mordes – vermutlich von Christen organisiert – wie es der Philosoph Libanios behauptete. Zugleich wurde durch die endgültige Vernichtung der antiken Mysterienkulte uraltes »heidnisches« Wissen um die Zusammenhänge von Leben und Tod, von Himmel und Erde in den Untergrund verbannt.

Dieses Buch handelt von esoterischen Geheimbünden. Die Esoterik umfaßt ein seit Jahrtausenden überliefertes Urwissen, das nicht mit Religion gleichzusetzen ist, auch wenn sie sich der religiösen Sprache bedient. Die Esoterik kann durchaus ohne den Gottesbegriff im herkömmlichen Sinne auskommen, weil sie vor allem auf das kosmische Selbstverständnis des Menschen abzielt: Sie sollte dabei in der Neuzeit mehr und mehr als Wissenschaft von den verborgenen Kräften der Natur, des Menschen und der göttlichen Ebene verstanden werden, im Sinne eines Denkens, wie es der vorchristlichen Zeit entsprach: als Kosmogonie, als Synthese zwischen Naturerkenntnis und Selbsterkenntnis.

Im Laufe der Geschichte des christlichen Abendlandes wurde diese Form des Wissens radikal in den Untergrund abgedrängt, vergessen wurde dieses Urwissen jedoch nie. Es lebte zum Teil in Legenden und Sagen weiter, in Märchen und Überlieferungen. Ein erster historisch belegbarer Versuch, esoterisches Wissen wiederaufleben zu lassen, zeigt sich im 12. Jahrhundert beim Orden der Tempelritter. Auch die Katharer vom Montségur gehören mit zu den Erneuerern geheimen Urwissens der Menschheit. Sowohl Katharer wie Tempelritter waren Geheimbünde beziehungsweise Geheimorden, die ihre Mitglieder hinsichtlich ihrer Ziele und Inhalte zu absolutem Stillschweigen gegenüber Außenstehenden verpflichteten. Beide wurden mit brutalsten Mitteln von kirchlicher und staatlicher Seite vernichtet. Im 17. Jahrhundert tauchten dann plötzlich die berühmten Manifeste der Rosenkreuzer auf. Niemand wußte zu sagen, woher dieser Geheimorden kam. Seine Schriften schrieb man später dem Theologen und Pastor Johannes Valentinus Andreae zu, doch die Autorenschaft konnte bis heute nicht eindeutig bewiesen werden. Bemerkenswert ist, wieviel esoterisches Wissen sich allein in den beiden Christian Rosenkreuz zugeschriebenen Büchern *Fama* und *Confessio* verbirgt, so daß sich die berechtigte Frage stellt, woher dieses Wissen so urplötzlich wieder ans Licht dringen konnte.

Ein Schlüsselroman für das esoterische Wissen der Rosenkreuzer trägt den Titel *Zanoni* von Edward Bulwer Lytton. An einer Stelle darin heißt es: »Die Undurchsichtigkeit der Region des Gewohnheitsmäßigen schützt den Menschen vor seinem erschreckenden Aspekt. Sobald dieser Schutz fehlt, sobald der menschliche Geist die Wolken durchdringt und in die unerforschten Regionen der Natur eintritt, plagt ihn der Schrecken, der der Natur innewohnt, nimmt Besitz von ihm und kann nur durch das Streben nach dem Schöpfer und das absolute Vertrauen in ihn, dessen Bote und Werkzeug der Glaube ist, besiegt werden.«[3]

Es ist die Trägheit und Gewohnheit des Menschen, die ihn einlullt und ihn »ruhigstellt«. Bricht dieser Panzer auf, so steht ihm die Angst als Gegner gegenüber: die Angst vor Leben und Tod. Ohne den Glauben – vor allem an sich selbst – ist der Mensch dem Schrecken der Existenz wehrlos ausgesetzt und fällt einer »geistigen Obdachlosigkeit« anheim.

Gerade in dieser Hinsicht bildet der geheime Zirkel, in dem sich Gleichgesinnte, aber nicht Gleichgestellte zusammenfinden, für viele einen sicheren Halt.

Geheimbünde waren – von wenigen Ausnahmen abgesehen – fast immer reine Männerbünde. Ihre Grundstruktur ist meist hierarchisch geordnet. Für die Neuzeit waren Gestalten wie Georg Iwanowitsch, Gurdjieff, Aleister Crowley und Helena Petrowna Blavatsky entscheidend. Der größte Teil aller esoterischen Geheimbünde der letzten hundertfünfzig Jahre und der Gegenwart läßt sich vermutlich auf eine dieser drei Schlüsselgestalten zurückführen. Aleister Crowley war Mitglied des *Golden Dawn*, dem viele bedeutende Eingeweihte angehörten.

Solche hierarchisch geordnete Bünde, wie beispielsweise die Freimaurer oder der Illuminatenorden waren sozusagen reine

Männersache und werden es wohl auch immer bleiben: »Die Herzen der Freimaurer stehen den Frauen offen, ihre Logen nicht.«[4]

Es wurden sogar soziologische Überlegungen angestellt, wonach die Entstehung des Geheimbundes bereits in der Frühzeit der Menschheit als männliche Reaktion auf eine dominante matriarchale Kultur erklärt wird. Einige Wissenschaftler vermuten, daß zur Zeit der Seßhaftwerdung der Jägerstämme der Nahrungserwerb zum überwiegenden Teil Frauensache war. Die Frauen konnten sich diesbezüglich auch auf ein überlegenes Wissen stützen – was Pflanzen und ihre Heilkraft anging – so daß die Männer ein ideologisches Gegengewicht schaffen wollten. Demzufolge hätten die Männer ein schauriges Masken- und Geheimbundwesen ins Leben gerufen, um die wirtschaftlich überlegene Frauenwelt durch eine auf Geheimnisse aufgebaute Herrschaft über die Frauen in ihre Schranken zu weisen. Vermutlich vereinfacht diese Theorie jedoch zu stark, denn sie würde das Entstehen von Männerbünden ebenso wie das der seltenen Frauenbünde auf einen bloßen Geschlechterkampf reduzieren. Es läßt sich jedoch keinesfalls leugnen, daß es im Laufe der Geschichte immer wieder Auseinandersetzungen zwischen Männern und Frauen um die wirtschaftliche, gesellschaftliche und religiöse Vorherrschaft gegeben hat. Doch das Entstehen von reinen Männerbünden, dürfte auf mehr als nur eine Wurzel zurückzuführen sein.

Vermutlich wollten sich die Freimaurer, Martinisten oder Rosenkreuzer auch nicht dem Vorwurf sexueller Zügellosigkeit aussetzen, wenn sie sich zu gemeinsamen Ritualen mit Frauen trafen. Mit solchen Vorwürfen »arbeitete« vor allem die Kirche des Mittelalters; auf dieser Basis hatte sie schon im zweiten nachchristlichen Jahrhundert gegen die Gnostiker polemisiert: Sie behauptete, daß sie bei ihren Versammlungen nur wüste Orgien feierten und Sodomie betrieben.

Die Gnostiker, Gralssucher und Katharer waren nicht sexistisch. Im Gegenteil! Auf ihrer Suche nach Wahrheit und Wissen galten bei ihnen Männer und Frauen als gleichberechtigt. Ein katharischer Parfait – ein »Vollendeter« – konnte ein Mann oder eine Frau sein. Wichtig war ihnen allein die Vorstellung, daß die Welt durch individuelle, spirituelle Leistung verwandelt wird.

Ganz anders jedoch die Freimaurer, die hier als ein Beispiel unter vielen stehen: »Es mag auch die Überlegung mitgespielt haben, daß bei gemeinsamen Zusammenkünften von Männern und Frauen Eifersucht und Konkurrenzkämpfe aufgrund des Wunsches, dem anderen Geschlecht zu gefallen, die eigentlichen Ziele der Gruppe beeinträchtigen oder ganz verhindern könnten«, schreibt Hans Biedermann in seiner Studie zur Kultur- und Geistesgeschichte der Freimaurerei.[5]

Dennoch gab es gerade bei den Freimaurern einige zaghafte Änderungsansätze. »Adoptionslogen« nannte man im 18. Jahrhundert jene Logen, in denen Männer und Frauen gemeinsam freimaurerische Bräuche pflegten. »Adoptionslogen« hießen sie, weil jede dieser Logen einer reinen Männerloge unterstellt beziehungsweise von ihr »adoptiert« worden war. Wie Hans Biedermann feststellt, galt jedoch: »… im allgemeinen bewegte sich deren Wirken (der Frauen) zwischen symbolischer Zeremonie, Wohltun und schönen Festen.« Gemischte Logen gab es vor allem in Frankreich – Königin Marie Antoinette gehörte einer dieser Logen an. Der recht seltsame und nicht ganz seriöse Graf Cagliostro (1734–1795) hatte ebenfalls Logen in Holland und Deutschland gegründet, in die sowohl Männer als auch Frauen aufgenommen wurden. Beim Initiationsritus hauchte der Graf der Frau ins Gesicht und sagte feierlich: »Ich hauche auf dich diesen Atem, damit in dir die Wahrheit, die wir besitzen, keime und in deinem Herzen wachse.«[7] Manchmal hielt er auch dabei ein Schwert himmelwärts gerichtet.

Im Jahre 1893 wurde von der Feministin Marie Deraismes (1828–1894) und dem Arzt Georges Martin eine *gemischte Obödienz* (Unterstellung unter eine Großloge) gegründet. Obgleich diese Loge nach wie vor besteht – angeblich zählt sie 5000 Mitglieder –, wird sie von den französischen Freimaurern als irregulär betrachtet, weil sie sich nach wie vor an männlichen Ritualen orientiert, anstatt eigene zu entwickeln.

In Amerika besteht seit 1914 die Frauenloge *Töchter des Nils*. Im Jahre 1954 soll sie über 83 Tempel und 38 000 Mitglieder verfügt haben. Ihre öffentlichen Auftritte inszeniert diese Loge jedesmal mit großem Pomp und viel Glanz, was an eine überdimensionale Modenschau im Opernstil erinnert.

Heute gibt es dennoch gemischte »Systeme«, in denen Männer wie Frauen gemeinsam Geheimkultur erleben können. Hier ist vor allem das neuheidnische Hexentum, auch *Wicca* genannt, zu erwähnen. Allerdings muß auch hier sorgfältig unterschieden werden. Es gibt zahlreiche *Wicca-Covens* (*Wicca-Zirkel*), in denen sich ausschließlich Frauen organisieren, weil sie sich auf uralte weibliche Ritualformen berufen, bei denen Männer nicht beteiligt sind. Im allgemeinen besinnt sich jedoch heutzutage mancher moderne Mysterienbund auf seine Wurzeln: In der Antike gab es Mysterienkulte für Männer und Frauen, in denen die einzelnen sowohl ihre eigene als auch ihre andersgeschlechtliche Identität finden konnten. Daß jeder Mensch beide Geschlechter in sich trägt, gehört zum »Grundwissen« aller modernen Mysterienkulte.

»Es ist da gar nichts zu verraten, weil das Wesentliche jenseits aller Worte liegt.«[8] Die Frage, ob durch Bücher wie das vorliegende, grundlegende Geheimnisse der Geheimbünde verraten und dieselben dadurch profanisiert werden, ist berechtigt. Es liegt an sich im Wesen aller Mysterien begründet, daß sie geheimgehalten werden müssen, wenn sie sich nicht selbst auflösen wollen. Ans Licht der Öffentlichkeit gezerrt zu werden, birgt zweifellos die Gefahr der Profanisierung in sich; ein Mysterium, das jeder kennt, ist eben keines mehr.

Allerdings liegt es im Wesen sowohl der mystischen Erlebnisse als auch der jeweiligen Geheimrituale, daß sie gerade wegen ihres Symbolgehalts sprachlich kaum mitteilbar sind. Die Verschwiegenheit der Mitglieder solcher Bünde oder Kulte erklärt sich demnach vor allem daraus, daß das Mysterium schlechterdings nicht in sprachliche Kommunikation gefaßt werden kann; es ist schlicht unmöglich, zu seiner Tiefe allein mit den Mitteln der Sprache vorzudringen.

Ein gutes Beispiel hierfür ist die katholische Meßfeier wie auch die gesamte katholische Sakramentenlehre. Es ist sicherlich möglich, den Ablauf einer heiligen Messe, die einzelnen Gebiete, die verschiedenen Rituale, die verbalisierten Glaubensinhalte oder die einzelnen Sakramente jemandem, dem dies alles fremd ist, zu benennen, aber vom eigentlichen religiösen Geschehen ist dadurch noch nichts »verraten«. Es kann als solches eben nur im Vollzug erlebt und verstanden werden. Daher ist es absolut notwendig, sich als Betroffener persönlich einzubringen, mit ganzer Seele als Barometer, um das »Geheimnis« voll und ganz zu begreifen.

Hinzu kommt, daß bei den einzelnen Geheimbünden unterschiedliche Geheimsignale existieren.

Die Rosenkreuzer sind voll und ganz esoterisch ausgerichtet, während die Freimaurer religiöse Wendungen und Bilder eher vermeiden. Bei den Freimaurern steht nicht Meditation und Gebet, sondern »Arbeit« auf dem Programm, während bei den anderen Gruppen gnostische Lehren im Vordergrund stehen. Viele benutzen als Hilfsmittel mitunter meditative Musik, Tanz, Trance, magische Praktiken und Ekstasetechniken, um die »innere Schau« zu entwickeln. Bei den Katharern wurde ein großer Teil der Lehre in Form von Parabeln und Anekdoten weitergegeben. Manche Kulte besitzen Aufnahmeriten. Geheimnisse können dehalb nicht verraten werden, weil es bei allen Geheimbünden und Kulten nicht um Zauberformeln geht, sondern um persönliches Erleben; vom eigentlichen Gehalt der Symbolik kann deshalb nichts offengelegt werden.

Allerdings gibt es in gewissem Sinne auch »handfeste« Geheimnisse. Die Texte der Gnostiker entschlüsseln sich nur demjenigen, der ihren ganzen Symbolapparat bis hin zu einzelnen Begriffen wirklich verstanden hat. »Weil das Vergessen entstanden ist, damit man den Vater nicht erkannte, wird dann, wenn man den Vater erkennt, von diesem Zeitpunkt an das Vergessen nicht mehr existieren.«[9]

Zunächst geht es nicht so sehr um ein seelisches Erleben, sondern vielmehr um ein intellektuelles Verstehen. Das gnostische »Geheimnis« liegt in den Begriffen verborgen. Dem Uneingeweihten ist die Bedeutung des Wortes »Vergessen« in diesem Zusammenhang nicht einsichtig. Folglich wahrt der Text ihm gegenüber seine »Wahrheit« und bleibt geheimnisvoll.

Doch wir stehen auch vor den architektonisch meisterhaften Bauwerken des gotischen Mittelalters – diesen »steinernen Büchern« – eher ratlos, weil uns nicht deutlich wird, woher das Wissen um diese Baukunst kam. Die Baumeister besaßen offensichtlich konkrete Geheimnisse. Ihr Wissen scheint plötzlich vorhanden gewesen zu sein, denn nichts in der historischen Entwicklung zuvor deutete darauf hin, daß solche grandiose Ergebnisse wie beispielsweise die Kathedrale von Chartres zustande kommen könnten. Bei diesen Baumeistern, die sich in den sogenannten Bauhütten organisiert hatten, bestand das Geheimnis in der Kenntnis von Statik und Geometrie, von Harmonie und Konstruktion, die es ihnen ermöglichte, die hochgetürmten Steinmassen so leicht aussehen zu lassen, als würden sie zum Himmel fliegen. Die Bauhütten des Mittelalters hüteten ihre technologischen Geheimnisse – von denen wir immer noch nicht wissen, woher sie ursprünglich stammten –, um ihren eigenen Berufsstand zu schützen. Bei ihnen hatte die Geheimhaltung also eine berufsständisch motivierte Funktion, bei der es dem Meister auch darum ging, sich vor Werksspionage zu schützen. Ihre Geheimnisse ließen sich also – anders als rein symbolische Geheimnisse – aussprechen und mitteilen.

Von diesen Bauhütten übernahmen die Freimaurer gewisse Sprachsymbole, beispielsweise: »Verlorenes Wort«, »Meisterwort«, »Paßwort«. Diese Symbole stammen allesamt aus den verbalen Bauhütten-Erkennungszeichen, die ebenfalls ursprünglich geheimgehalten wurden. Im Laufe der Zeit wurden jedoch solche Geheimparolen, Losungen oder geheime Erkennungszeichen von »Verrätern« öffentlich gemacht und stellten damit keine echten Geheimnisse mehr dar.

Das Geheimnis besteht also in esoterischem Wissen, das sich im wesentlichen hinter Symbolen und Ritualen verbirgt. Im Laufe der letzten zweitausend Jahre haben wir im westlichen Kulturkreis leider vergessen, daß Symbole eine Realität vermitteln, welche nur in dieser Sprache mitgeteilt werden kann. Dies bedeutet, daß es Wahrheiten gibt, die sich nur im Märchen, im Mythos, in gnostischen Parabeln, Symbolen, Bildern und Ritualen oder in Traumbotschaften ausdrücken lassen. Wie schwierig dies zu akzeptieren ist, macht folgendes deutlich: Wir äußern uns als rational denkende Wesen über den Wahrheitsgehalt von Märchen meist eher abfällig, »märchenhaft«, »sagenhaft« oder »mystisch« stehen im täglichen Sprachgebrauch meist als Begriffe für Zweifelhaftes. Statt dessen sollte man sich daran gewöhnen zu sagen: Dies ist wahr, gerade weil es ein Märchen ist; oder dieses Symbol ist genauso wahr und richtig wie die Lösung einer mathematischen Dreisatzaufgabe.

Die Annahme, daß Symbole und Rituale überhaupt tiefen Wahrheitsgehalt besitzen, gehört zum zentralen Kern aller esoterischen Geheimbünde wie auch aller Religionen. Die Mitglieder verstehen sich als Suchende, die stets um Licht und Wahrheit ringen. Demzufolge liegt die Wahrheit nicht in festgelegten Positionen – vielmehr liegt sie in der Suche selbst. Häufig wird diese stete Suche bei den Freimaurern, aber auch bei anderen Geheimbünden in den immer wiederkehrenden Wanderungen, den sogenannten »mystischen Reisen« zum Ausdruck gebracht.

Das jeweilige Symbol, das in einem Satz, in einem Wort oder auch in einer Geste enthalten sein kann, steht dem Ritual sehr nahe. Kleidungsstücke, bestimmte Farben, verschiedene Gegenstände sind Träger von Sinninhalten, sie werden jedoch in ihrer Bedeutung von Geheimbund zu Geheimbund unterschiedlich gewertet. Diese Symbole gelten folglich nur innerhalb des jeweiligen, bestimmten Systems: »Die einem Freimaurer oder einem Rosenkreuzer als erstes einfallende Interpretation des Dreiecks z.B. mag nicht dieselbe sein, aber beide werden ihm, wenn sie einen bestimmten Grad der Meisterschaft erreicht haben, den gleichen Wert hinsichtlich seines initiatorischen Inhalts beimessen.«[10]

Die wahre Bedeutung des Symbols ist auch nur dem Eingeweihten bekannt; damit stellt das Symbol ein Mittel dar, bestimmte Punkte der Lehre Nichteingeweihten gegenüber geheimzuhalten. Besonders bei den Alchimisten ist dieser Aspekt einer bewußten Verschleierung auffällig. Niemand wird so rasch hinter solchen Begriffen wie »Adler«, »Fuchs« oder »Drachen« die verschiedenen Zustandsformen der Urmaterie vermuten, die im »Opus Magnum« dazu gebracht wird, zum Stein der Weisen heranzureifen.

Ebensowenig wird der Uneingeweihte hinter den Bildern der Gralsmystik, beispielsweise »Kelch und Lanze«, vermuten, daß diese beiden Symbole keineswegs als gegensätzlich aufgefaßt werden, sondern die Vereinigung von Feuer und Wasser darstellen, was zunächst paradox anmutet.

Jeder, der ein Ritual durchführt, weiß, daß diese Kunst den ganzen Menschen beansprucht. Das ernstgenommene Ritual ist weitaus mehr als die Kenntnis von »Spielregeln«. Man verkleidet sich nicht, um ritualistische Komödien zu spielen, wie manche schon gespottet haben. Das Ritual ist eine heilige Handlung, die nur derjenige voll und ganz begreift, der sie innerlich nachvollzieht. Manche Rituale, wie sie zum Beispiel die Freimaurer praktizieren, wurden irgendwann einmal von »Verrätern« ans Licht der Öffentlichkeit gebracht; dennoch wird kein Nichteingeweihter etwas mit ihnen anfangen können – so bleibt das Geheimnis trotzdem gewahrt.

»Ritualbeschreibungen ohne Sinnzusammenhang und ohne innerliche Teilnahme der Akteure stellen nur leere Schalen dar – Fahrpläne allein setzen noch keinen Zug in Bewegung.«[11]

Den Grund für die Existenz von Ritualen hat der Freimaurer August Horneffer einmal recht treffend formuliert, wobei sich seine Vorstellungen auch auf Religionen anwenden lassen: »Symbolhafte Handlungen fördern die Vervollkommnung und geben dem Erlebnis erst die rechte Wahrheit … Sie sind die eigentlichen Mittler zwischen dem Suchenden und seinem Ziel, zwischen Mensch, Bund und Gott … Der Mensch braucht Zeichen und Bilder seines Zieles, um sich an ihnen zu stärken und zu ermutigen. Er braucht Erleichterungen, braucht Verheißungen und Bürgschaften, um auf dem Weg zu Gott nicht zu erlahmen. Die Symbole und heiligen Handlungen sind Wegweiser und Geleiter, sind Waffen und Mitkämpfer und als solche unentbehrlich … Bild und Ritus stellen als bereits geschehen dar, was erst noch geschehen soll.«[12]

Im alltäglichen Leben bleibt dies einem Menschen gewöhnlich fremd und leer. Wichtig bei den Ritualen ist auch das Gruppenerlebnis. Außer den alchimistischen Ritualen (oder magischen Riten) wird kein Ritual allein im stillen Kämmerlein durchgeführt. Das in der Gruppe erlebte, ernstgenommene Ritual verleiht eine Gefühlsintensität, und gerade Freimaurer, die Rituale besonders pflegen, betonen immer wieder, daß ihnen das Initiatonsritual eine große Gefühlstiefe verliehen habe, wodurch sie erst zum Rätsel oder Geheimnis ihres Bundes hätten vordringen können.

Es läßt sich also feststellen, daß sämtliche Einweihungriten, Symbole und Rituale dem Eingeweihten nur einen ersten Schlüssel in die Hand geben. Er selbst muß das Rätsel lösen, das heißt, die Kryptographie in Klarschrift zu übersetzen. Denn wie auch immer die Sehnsucht und der Weg der Seele in Mythos, Ritual oder in spiritueller Übung dargestellt werden, im Grunde genommen ist es jene innere Reise, die zum Wissen oder zur Gnosis führt und wirklich befreiend wirkt.

Kein Sterblicher hat je ausgelernt, selbst jene nicht, die lehren. Der Gnostiker Basilides verlangte von seinen Schülern nicht nur Hingabe, sondern auch ein fünfjähriges Schweigen – wohl deshalb, weil es dieser Zeit bedurfte, um die ersten Schritte in Richtung Gnosis zu tun.

Jede Einweihung stellt nur einen Anfang dar. Niemand ist je daraus als Übermensch hervorgegangen, vielmehr wird man sich durch sie eher seiner unvollkommenen Menschlichkeit bewußt.

Von den antiken Mysterien wissen wir, daß sich jede Initiation – beispielsweise bei den Isismysterien – durch fünf Phasen auszeichnet:

1. Die Vorbereitung
2. Die Reinigung
3. Die Entäußerung

4. Die Orientierungslosigkeit im Dunkel
5. Die Erweckung des Lichts und die Auferstehung zu neuem
   Leben (damit verbunden: die Furchtlosigkeit vor dem Tod)

Fast immer wurde die Vorbereitungszeit im Bezirk eines Tempels verbracht, und es mag durchaus vorgekommen sein, daß Kandidaten nicht über diesen ersten Schritt hinauskamen. Folglich verbrachten sie ihr ganzes Leben in der Vorbereitungszeit, ohne je ihrem Gott in den Mysterien nahegekommen zu sein, weil es allein im Ermessen des Oberpriesters lag, den richtigen Zeitpunkt für den nächsten Schritt zu bestimmen.

Auch wer einem modernen Mysterienkult beitreten will, muß zunächst einmal begreifen, daß man Einweihung nicht primär durch Literatur erfährt. Zur Einweihung bedarf es neben Geduld vor allem innerer Bereitschaft und Anteilnahme.

»Welch armer Wicht ist doch ein Freimaurer, der den Symbolgehalt der Prüfungen bei seiner Aufnahme niemals begriffen hat«, schreibt der Freimaurer Oswald Wirth.[13]

Auf schnelle und billige Weise wird Initiation niemals erfahren. Sie kann schmerzhaft und unangenehm sein wie beim Gnostizismus, der einen fühlbaren und ausdrücklichen Widerwillen gegen alle Dinge an sich hat, die wir mit menschlichem Dasein in Verbindung bringen. Er fordert eine totale Entsagung von der Welt und körperlichen Befriedigungen, wozu eigentlich nur asketisch eingestellte Individuen fähig sind.

Einweihung kann mitunter sogar lebensgefährlich sein. In früheren Zeiten überlebte manch einer das Ritual nicht oder wurde wahnsinnig. Das mag zum Teil an den manchmal rüden Methoden gelegen haben. Doch für jeden Menschen ist das Einweihungserlebnis individuell verschieden. Wer sich einem solchen Bund um der Einweihung willen anschließt, wird begreifen müssen, daß er dadurch lediglich auf den Weg gebracht wird. Wohin ihn dieser Weg führt, zeigt ihm sein weiteres Le-

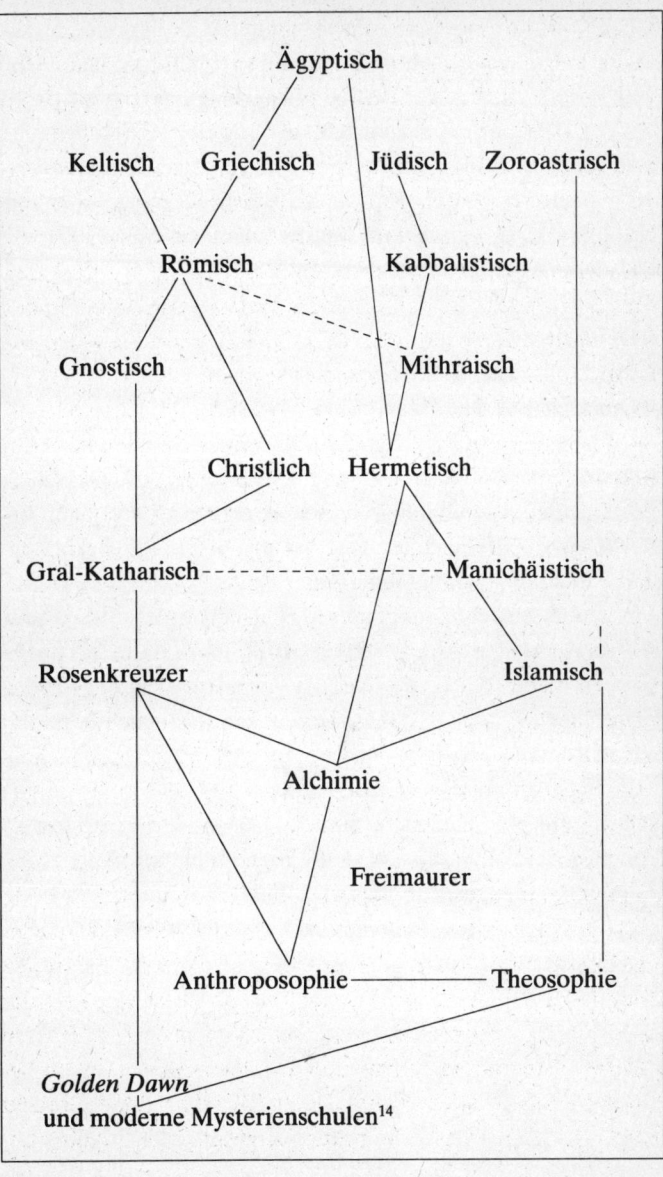

ben. Es ist die Enge seiner Wahrnehmung, die ihn gefangen-
hält, und die Suche nach Weisheit und Verbindung zum Göttlichen besteht darin, sich von den Mysterien finden zu lassen.

Bei der Betrachtung der einzelnen Kulte der letzten dreitau-
send Jahre zeigt sich, daß es eine innere Verwandtschaft gibt
wie »Zweige eines philosophischen Baumes«. Zunächst lassen
sich ursprünglich drei voneinander unabhängige Traditions-
kreise und Mythen ausmachen:

1. Der Atlantis-Mythos
2. Der biblische Eden-Mythos
3. Der altgriechische Hesperiden–Mythos

Alle drei Mythen gehen von einem verlorenen paradiesischen
Zustand des Menschheitsgeschlechts aus, mit dem auch zugleich wichtige Teile eines gemeinsamen ursprünglichen »Wissens« abhanden gekommen ist.

Anhand der Abbildung des »Mysterienbaumes« lassen sich
die Verflechtungen der einzelnen Kulte sehr schön erkennen.
Dabei scheinen die ägyptischen Mysterien im wesentlichen die
Grundlage gebildet zu haben, auf der die westlichen hermetischen Systeme errichtet wurden. Es existiert also ein regel-
rechtes Inkarnationsnetz, das in Raum und Zeit weit voneinander entfernte Schulen verbindet. Dieses »Netz« wird um so
komplexer, je mehr wir uns dem Hochmittelalter nähern, um
dann in der Neuzeit nur noch vier Wurzeln auszuprägen: Freimaurer, Theosophen, Rosenkreuzer und der keltische *Golden
Dawn* genannte Orden.

Zeittafel: Mysterienkulte und Einweihungslehren

4000 v. Chr.	Hochphase der Megalithkultur
3000 v. Chr.	Errichtung der Pyramiden in Ägypten
1310 v. Chr.	Errichtung des Osiris-Heiligtums in Abydos
1000 v. Chr.	König Salomo läßt Tempel in Jerusalem bauen
700 v. Chr.	Hochblüte der eleusischen Mysterien
580–497 v. Chr.	Pythagoras Lehre von den Zahlenharmonien
550 v. Chr.	Die keltischen Druiden entwickeln ihre Lehre
67 v. Chr.	Der Mithraskult gelangt von Kleinasien nach Rom
100 n. Chr.	Gnostische Sekten nehmen Gestalt an
396 n. Chr.	Das Ende der antiken Mysterien ist durch die Zerstörung der Tempelanlage von Eleusis durch die Goten endgültig besiegelt
500 n. Chr.	Im Judentum entstehen die Grundlagen der Kabbala
718 n. Chr.	Helinand de Froidmont bezeugt die Existenz des Grals
950 n. Chr.	Gründung der Bogumilensekte
1000 n. Chr.	Bildung der Bauhütten des Mittelalters
1022 n. Chr.	Verbrennung der ersten Ketzer des Abendlandes
1119 n. Chr.	Gründung des Templerordens
1140 n. Chr.	Auftreten der Katharer
1200 n. Chr.	Wolfram von Eschenbach schreibt den Parzival-Gralsmythos
1244 n. Chr.	Eroberung Montségurs
1307 n. Chr.	Vernichtung des Templerordens

1486 n. Chr.	Der *Hexenhammer* erscheint
1493 n. Chr.	Paracelsus schreibt über die drei philosophischen Elemente der Alchimie
1614 n. Chr.	Erscheinen der *Fama Fraternitatis* der Rosenkreuzer
1717 n. Chr.	Zusammenschluß von vier Londoner Logen zur ersten Großloge der Freimauerei
1749 n. Chr.	Ausbildung eines Lehrsystems der Gold- und Rosenkreuzer in Deutschland
1782 n. Chr.	Letzte Hinrichtung einer Hexe in Glaus/Schweiz
1875 n. Chr.	Gründung der Theosophischen Gesellschaft
1888 n. Chr.	Gründung des *Golden Dawn*
1921 n. Chr.	*The Witch-Cult in Western Europe* von Margaret A. Murray erscheint und wird Grundlage des modernen *Wicca*-Kultes
1972 n. Chr.	*Die Lehren von Don Juan* von Carlos Castaneda erscheinen in deutscher Sprache

1. Die geheimen Mysterienkulte

»Ich kam an die Grenzscheide von Leben und Tod. Ich übertrat in der Unterwelt die Schwelle der Proserpina, und nachdem ich durch alle Elemente gefahren, kehrte ich wieder zurück. Zur Mitternacht sah ich die Sonne in hellem Licht strahlen. Ich trat den Göttern der Tiefe wie den Göttern der Höhe von Angesicht zu Angesicht gegenüber und betete sie aus nächster Nähe an.«[15]

Heutzutage berichten Menschen von Erlebnissen, die sie in einer sogenannten »Nah-Todeserfahrung« hatten. Sie hatten die Schwelle der Proserpina überschritten und waren durch ärztliche Kunst zurückgeholt worden. Sie berichten heute nichts anderes, als was die Eingeweihten zur Zeit der antiken Mysterienkulte erklärten, nämlich, daß das Sterben eine Initiation zu einem neuen Leben ist.

In der Antike hatten sich verschiedene Mysterienkulte herausgebildet: die Mysterien von Eleusis, die Mysterien des Gottes Dionysos, die Mysterien von Samothrake, die Mysterien von Isis und Osiris, die Mysterien von der Großen Mutter Kybele und ihrem Heros Attis und die Mysterien der Mithras in der Endphase des Römischen Reiches.

Sie alle haben als zentralen Begriff den der Einweihung oder Initiation: Das Wort Mysterium leitet sich vom griechischen Begriff »mysterion« ab, was soviel bedeutet wie: etwas, das nur für Eingeweihte bestimmt ist.

Der Myste oder Eingeweihte, erhielt bei der Einweihung ein geheimes Wissen, das ihn befähigte, Göttliches und Menschliches, Irdisches und Überirdisches tiefer zu erkennen. Die Einweihungsfeste zogen sich meist über mehrere Tage hin und gipfelten in der Initiation. Diese befähigte den Eingeweihten, sich über die Spanne seines Menschenlebens hinaus als Glied in einer Kette göttlich-menschlichen Lebens zu betrachten. Dies geschah vor allem, weil der Gott oder die Göttin, die er anbetete, ein eigenes Schicksal hatte, und diese nicht wie die olympischen Götter, von denen Homer erzählte, der Welt und dem Menschen emotional fern war. So beklagte zum Beispiel Isis ihren toten Gemahl, und Demeter beweinte den Verlust ihrer Tochter, welche von Hades geraubt worden war. Die unsterblichen Götter wurden dem Menschen in ihren Empfindungen gleichgestellt. Der Mensch sah sein eigenes Leben mit dem göttlichen verknüpft, und diese erhielt damit einen Sinn, der über die eigene Endlichkeit hinausreichte.

Was geschieht in der Einweihung?

Der Myste erfährt bei seiner Einweihung, daß die heilige Geschichte seines Gottes nichts Abstraktes und von seinem eigenen Leben Losgelöstes ist. Einweihung innerhalb der antiken Mysterienkulte war deshalb unmittelbares Erleiden einer tiefen Einsicht und nicht vornehmlich Sache des Verstandes. Der Eingeweihte durchlebt das schmerzvolle Schicksal seines Gottes oder seiner Göttin in einer Grenzsituation. Diese ermöglicht es ihm, eine Erfahrung zu machen, die sein eigenes »kleines« Menschenleben in einen übergreifenden Zusammenhang von Himmel und Erde stellt. Der Schrecken des Dunkels und der Erdentiefe, die Erkenntnis des eigenen Schattens, die zugleich Erkenntnis für das Böse als Spiegel des Guten und umgekehrt ist, verkörperte in Eleusis eine Göttin, die mit ihrem uralten, fremdartigen Namen aus den Tiefen hervorgerufen wurde. Der Myste erkannte in einer religiösen Schau die polare Einheit alles Gegensätzlichen, so auch den eigenen Tod als Durchgang zu neuem Leben.

Als »neugeboren« entstieg er den unterirdischen Einweihungsräumen und kehrte mit der tiefen Gewißheit nach Hause zurück, einstmals, wie es das Los der Nichteingeweihten war, kein Schatten im Reiche der Proserpina und des Hades zu sein.

Was für unsere Ohren vielleicht eher unbedeutend klingen mag, war für das gesamte religöse Denken des Abendlandes ein bahnbrechender Prozeß. Denn ohne die Initiation gibt es demgemäß keine Unsterblichkeit der Seele. Sie ist keineswegs selbstverständlich, wie die Mysterien betonen. Die Atome des Körpers, die für eine begrenzte Zeit in eine höhere Ordnung des Seins eingebettet waren, werden wieder frei und anonym dem großen Ganzen eingefügt. Das glaubten auf einer etwas bildhafteren Stufe bereits die Höhlenmenschen. Die Unsterblichkeit der Individualität jedoch wird erst durch die Neugeburt oder Einweihung im Angesicht der Gottheit erreicht. Erst dadurch kann der Mensch seinen eigenen Tod als Person überdauern.

Die Uneingeweihten hingegen mußten »auf ewig im Schlamm liegen und Wasser im Sieb tragen«.[16] Einzig und allein die Einweihung garantierte dem Mysten ein individuelles Weiterleben in der Nähe seines Gottes, mit dem er sich jetzt sogar »stammverwandt« fühlte: »Cinis sum, cinis terra est, terra dea est, ergo mortua non sum – Ich bin Asche, Asche ist Erde, die Erde ist eine Göttin, also bin ich nicht tot.«[17]

Ekstasetechnik

Besonders bei den Mysterien des Dionysos und bei jenen der Großen Mutter Kybele gab es eine ausgeprägte Ekstasetechnik, wodurch die Eingeweihten zu übernatürlicher Wahrnehmung fähig wurden. Das frühe Christentum hat sich gerade hierüber immer wieder mokiert und versucht, die Einweihung ins Lächerliche zu ziehen, weil die Mysterienkulte in erster Linie auf der emotionalen Ebene, nicht auf der intellektuellen Ebene wirken würden. Aus diesem Grunde würde ihnen auch jegliche Ethik oder eine vollständig entwickelte Theologie fehlen.

Die Initiation der Geheimsekten ist nicht rational. Vielmehr verschmelzen Innen- und Außenwelt miteinander. Das rationale Erleben der Welt und das lineare Denken werden in der Ekstase zugunsten einer ganzheitlichen Sicht überwunden. Im Kybelekult wurde das Tympanon, die Handtrommel, als erlebnissteigerndes rituelles Mittel benutzt, zusätzlich vermutlich auch Drogen. Auf dem Höhepunkt der Hingabe begegneten die Eingeweihten ihrer Göttin, fühlten glückselig ihre Nähe. Die Männer kastrierten sich mit einem scharfen Obsidianstein und schenkten Kybele als Zeichen völliger Hingabe ihre Hoden. Die Göttin wiederum zeigte angesichts dieses Opfers auch ihren bedrohlichen Aspekt: Sie ist die All-Mutter, die Leben schenkt, die es aber auch vernichtet, damit neues Leben entstehen kann. Es ist das alte »Stirb und werde«, das in den Mysterienkulten zum Tragen kommt. Das Opfer, die Genitalien, wurden in der Erde – in Kybeles Leib – vergraben, auf daß, symbolisch gesprochen, im Vollzug der Jahreszeiten hieraus Neues entstehe.

Vom Wahren des Geheimnisses

Von Philostrat, der im 3. Jahrhundert n. Chr. eine Biographie über den Magier und Eingeweihten Apollonius von Tyana verfaßte, erfahren wir, daß der Hierophant von Eleusis den berühmten Tyraner von den Mysterien ausschloß. Apollonius sei, so bekam er zu hören, ein Mensch, der die göttlichen Dinge »profaniere«. Die Profanation – also die öffentliche Bekanntmachung der Mysterien – wurde im Altertum mit Einziehung der Güter und Tod bestraft. Schon der bloße Verdacht, jemand könnte Heiliges ausgeplaudert haben, war für den Betreffenden höchst gefährlich. Aristoteles berichtet, daß der Dichter Äschylus, als er in Verdacht kam, Mysterieninhalte in seinen Schauspielen auf die Bühne zu bringen, sich vor der Wut des Volkes in Sicherheit bringen mußte. Später wurde er vor Gericht gezerrt und kam nur deshalb frei, weil er nachweisen konnte, überhaupt nicht eingeweiht zu sein. Nicht einmal Nero wagte es in Athen an den Eleusischen Mythen teilzunehmen, weil Verbrecher ausgeschlossen waren, wie Sueton berichtet.

Fast alle großen und weniger großen Geister Athens ließen sich in die Eleusischen Mythen einweihen. Erstaunlich ist wirklich, daß keiner der Hunderttausenden von Mysten das Geheimnis von Eleusis ausgeplaudert hat, so daß wir nach wie vor bekennen müssen, darüber nichts Handfestes zu wissen.

Aber auch die Sprache selbst stellt ein Problem dar. Denn die Begriffssprache, wie wir sie seit dem Mittelalter in Form von Urteilen und Differenzierung verwenden, würde das Mysterium wirklich entweihen, uns aber zugleich wenig Greifbares übermitteln. Im Mysterium wurde dem Einzuweihenden die Wirklichkeit der Bilder, die Nähe des Gottes nicht durch Begriffe mitgeteilt, sondern durch ein unmittelbares Erleiden, was sich wiederum nur durch Symbolsprache vermitteln läßt. Diese aber haben wir verlernt, weil wir allein dem Faktum vertrauen. Dies hat zur Folge, daß ein Mensch, der der eigenen Bilderwelt mißtraut, die eigene Natur in sich nicht kennt oder aus Angst vor ihr zurückschreckt. Aus diesem Grunde hält er auch die Natur für wild und grausam, und deshalb versucht er, sie sich untertan zu machen oder zu vermenschlichen. Diese Hybris zu verhindern war auch Aufgabe der Mysterienkulte – allein durch die Kraft der Symbole und des gelebten Ritus. Pointiert ausgedrückt bedeutet dies: Etwas ist faktisch richtig und besitzt Realität, gerade weil es ein Traum ist oder ein Märchen.

Somit können die Wirkungen der Mysterien, die allein auf Erkenntnis ausgerichtet sind, in bezug auf das rationale Bewußtsein keinen adäquaten sprachlichen Ausdruck finden. Das Gebot ihrer Geheimhaltung war deshalb auch nur dadurch zu umgehen, daß die Vorgänge szenisch umgesetzt wurden.

Selbstverständlich diente das »heilige Schweigen« auch dazu, die innere Solidarität der Gruppe zu verstärken und die Autorität und Attraktivität des jeweiligen Kultes nach außen zu erhöhen. Das Gefühl der Einzigartigkeit, in einem inneren Kreis Gleichgesinnter aufgenommen zu sein und verborgenes Wissen zu besitzen, trat hinzu. Jedoch wurde jeder Myste nur stufenweise an das »Geheimnis« herangeführt. So gipfelte der Kult von Eleusis in der ehrfürchtigen Berührung einer »Kiste«, die das Abbild eines weiblichen Schoßes barg. Das klingt banal,weil die Sprache es banalisiert. Doch über diese letzte Stufe – »Ich bin eingegangen in den Schoß der unterirdischen Königin« –, bei der sich der Einzuweihende seinem Gott unmittelbar gegenübersah, ist niemals etwas nach außen gedrungen. Es ist dies das zentrale Erlebnis einer persönlich erfahrenen Gottheit – die Schau –, eine Erfahrung, wie sie nur die Mystiker gemacht haben.

Ideengeschichtlich tauchte vieles vom religiösen und symbolischen Gehalt der Mysterienkulte später bei den Gralsrittern, Rosenkreuzern oder Freimaurern wieder auf. Auch Gnosis und Neuplatonismus profitierten von den Vorstellungen der antiken Einweihungskulte. Überhaupt scheinen im ersten nachchristlichen Jahrhundert viele Priester der alten Kulte das Christentum als einen unter vielen Mysterienkulten betrachtet zu haben: Niederfahrt zur Hölle und Auferstehung von den Toten. So wurde die Kultlegende des Christentums den anderen Mythen vom sterbenden und wiederkehrenden Gott an die Seite gestellt.

Dies wird zum Beispiel durch den Kolosserbrief des Apostels Paulus deutlich. Er läßt uns wissen, daß den Mysterienpriestern von Kolossae das Christentum so gut passend erschien, daß sie Christen einweihten, ohne sie aus der Gemeinde zu verbannen. Gegen diese Praxis und gegen die Mysterienkulte polemisierte Paulus in seinem Brief: »Lasset euch nicht das Ziel verrücken von einem, der (bei der Initiation) die Räume betritt, die er in der Ekstase vorher gesehen hat.«[18]

2. Gnostiker

»Denn die Gnosis wissen die allein, die sie selber sind.«[19]

Innere Erkenntnis, die zur vollkommenen göttlichen »Idee« führt, setzten die Gnostiker gegen das materielle Leben auf der Erde, das für sie nur Schein, eine korrumpierte, unvollkommene »Erscheinungswelt« darstellte. Mehr noch: Das Universum ist krank und böse und die Materie eine niedrigere Schöpfung, während die Seele einer anderen, einer wahrhaft göttlichen und guten Welt angehört. Die Sinnenwelt konnte deshalb nur von einem zweitrangigen Gott – dem Demiurg – erschaffen worden sein. Die Gnostiker – ihr Name bedeutet »Wissende« – glaubten deshalb, daß sie einst Angehörige einer geistigen Welt gewesen seien, die gezwungen worden waren, einen sündigen Körper zu suchen. Diese Vorstellung taucht Jahrhunderte später bei den Katharern wieder auf!

Um 100 n. Chr. nahmen die gnostischen Vorstellungen zum ersten Mal in schriftlicher Form Gestalt an. In ihren geheimen Schriften ging es den »Verächtern der Welt« vor allem um eine Enthüllung: »Wer wir waren und was wir wurden; wo wir waren, oder wohin wir gestürzt wurden; wohin wir eilen, um erlöst zu werden; was Geburt ist und was Wiedergeburt.«[20]

Aber nicht alle Menschen waren nach Auffassung der Gnostiker zu dieser fundamentalen Erkenntnis fähig. Denn Gnosis ist plötzliche und unmittelbare Einsicht – eine Gnade. Wem sie nicht zuteil wird, wird die Einsicht niemals besitzen. Einige Menschen bleiben daher für immer an die Erde und das Fleisch gebunden und wandern in einem ewigen, sinnlosen Kreislauf durch immer neue Körper – eine Vorstellung, die nach gnostischer Auffassung die Hölle ist.

Damit wird deutlich, daß der Gnostizismus eine ziemlich elitäre Angelegenheit war.

Im Unterschied zum Jesusbild der Kirche ist der gnostische Jesus nicht für die Kranken, Armen und Unterdrückten da, vielmehr will er in erster Linie spiritueller Lehrer und Führer sein.

Innerhalb der Gruppe der Gnostiker selbst sonderten sich die Eingeweihten ab, die mit aller Macht danach strebten, sich von allem Physischen frei zu machen, wobei zu diesem Zweck Ekstasetechniken und spezielle Meditationsformen von großer Bedeutung waren. Obwohl sich die Gnostiker in verschiedenen Gruppierungen einteilten – man könnte zwischen sechzig und achtzig Schulen aufzählen –, bildete sich dennoch eine geschlossene Gesellschaft. Einige von ihnen lebten in strenger Askese, andere wollten das Fleisch »verbrennen«, indem sie sich auf allen Gebieten der Magie, aber auch des Genusses und der Lust nach heutigem Sprachgebrauch »voll auslebten«. Viele ihrer Praktiken ließen die Christen vor Scham erröten, weil sie im krassen Widerspruch zur asketischen Lehre der Kirche standen. So ernährten sich die Gnostiker von Ptolemäus und die Schüler von Simon Magus mit Vorliebe von Speisen, die für die Götter bestimmt waren, und darüber hinaus unterhielten sie inzestuöse Beziehungen.

Simon Magus – Vater aller Ketzerei

Simon Magus, der auch im Neuen Testament erwähnt wird, und dort als Zauberer und Wüstling bezeichnet wird, gilt allgemein als Vater des Gnostizismus, ja, als Vater aller Ketzerei überhaupt. Er lebte mit einer ehemaligen Hure zusammen, erklärte diese zur gefallenen göttlichen Sophia oder Weisheit und behauptete von sich selbst, einst in Galiläa als Jesus gekreuzigt worden zu sein. Die Christen tobten. Es ist zu einfach, Simon Magus als bloßen Verrückten abzutun, denn seine wenigen, uns überlieferten Schriften zeigen einerseits einen Provokateur, andererseits einen subtilen und klarsichtigen gnostischen Lehrer, der es verstand, seine Botschaft auf spannende Weise unters Volk zu bringen. Ein Ausspruch, der an Petrus gerichtet ist, macht seine Rhetorik deutlich: »Du allerdings wirst gleichsam betäubt vor Staunen ständig deine Ohren verstopfen, damit sie nicht durch Blasphemien befleckt werden, und dich zur Flucht wenden, weil du nichts zu erwidern findest; aber das unvernünftige Volk wird dir beistimmen, ja, dich liebgewinnen, weil du das lehrst, was bei ihnen Brauch ist, mich aber verfluchen, weil ich Neues und Unerhörtes verkünde.«[21]

Neues und Unerhörtes verkünden – das war es, was die gnostischen Denker wie Simon Magus, Valentinus, Marcion oder Basilides wollten. Und manche Gnostiker dachten nicht nur Neues, sondern praktizierten auch Unerhörtes.

Die Geheimsekten der Ophiten, Peraten, Sethianer praktizierten Sodomie als Initiationsritus. Eine andere gnostische Sekte, die Euchiten, lehnten jegliche Arbeit grundsätzlich ab und verbrachten ihre Zeit im wesentlichen mit Nichtstun und ausgelassenen Tänzen, oder sie nahmen Rauschmittel. Als Schlußfolgerung über solch ungebührliches Verhalten kommt Jacques Lacarrière zu dem Ergebnis: »Nur die Gnostiker wagten es, Feuer an das unberührte Pulverfaß zu legen und zu behaupten, daß jede Revolte, jeder Protest gegen die Welt, jede sogenannte geistige oder gesellschaftliche Befreiung als erstes die Sexualität befreien müsse, wenn sie Erfolg haben will.«[22]

Ihresgleichen erkannten die Gnostiker durch steinerne Talismane, in die Schlangen und andere magische Symbole eingraviert waren. Außerdem gab es, wie bei Geheimbünden üblich, bestimmte Handzeichen und Kennwörter, mit denen sie sich untereinander zu erkennen gaben. So gab es bei den Barbelo-Gnostikern eine Art von »Handschenk«, mit dem sie sich untereinander als Mitglieder auszeichneten: »Wenn einer hinzukommt, dem die Lehre fremd ist, so haben die Männer gegenüber den Frauen und die Frauen bei den Männern ein Erkennungszeichen in der Art, wie sie die Hand zum Gruße geben, indem sie unter der Handfläche eine Art kitzelnder Berührung verursachen, wodurch sie herausbekommen, ob der Ankömmling zu ihrem Dienste gehört.«[23]

Außerdem pflegten gerade manche gnostische Gruppen bei ihren geheimen Treffen Gruppensex-Nacktrituale, wodurch schon von vornherein ausgeschlossen war, daß Christen daran teilnahmen. Die gnostischen Gemeinschaften versammelten Gelehrte und Weise um sich, die die intellektuelle Elite der Zeit darstellten. Intellektuell wendeten sie sich gegen das bisherige Denken von Geschichte, wie es weitgehend vom Alten Testament geprägt worden war. Außerdem lehnte diese Elite die »kühle« Kosmologie des griechischen Denkens, die die Welt auf rationale Weise erklären sollte, radikal ab. Die Gnosis verbreitete sich im zweiten nachchristlichen Jahrhundert rasch zwischen Babylon und Alexandria. Sie trug gleichermaßen griechische und orientalische Wesenszüge. Zahlenmystik und Wortmagie spielten für die Gnostiker eine große Rolle, und sie waren der Ansicht, ohne »Wissen« um die wahren Zusammenhänge von Licht und Finsternis, von der Seele und ihrem tiefen Fall in die Materie, von den Halbgöttern oder Äonen könne kein Mensch das Heil erlangen. Es herrschte ein absoluter Dualismus vor – der vor allem auf dem Glauben der Gnostiker beruhte, im Menschen lebe ein Gott, der sich erst durch das Sterben des Leibes befreie.

Plotin und die Tiefenpsychologie

Zumindest die Stimmung des »gnostischen Zeitalters« findet sich schon bald auch in der christlichen Gemeinde wieder – am deutlichsten und zugleich am schönsten werden gnostische Gedanken im Johannesevangelium und in der Apokalpyse dargestellt. Aber gnostischem Gedankengut begegnen wir auch bei Plotin (205–270 n. Chr.), von dem es heißt, daß er seinen Körper haßte. Er war Mitbegründer des sogenannten Neuplatonismus, den man als eine spezielle Form der Gnosis betrachten könnte. Die moderne Psychologie, allen voran C. G. Jung, verdankt Plotin die Lehre vom Unbewußten. Er war der erste, der eine klare Vorstellung vom Unbewußten formulierte: »Denn es ist sehr gut möglich, daß jemand etwas in sich hat, ohne sich dessen bewußt zu sein, und sogar in einer wirksameren Form, als wenn er es wüßte.«[24]

Diese tiefenpsychologische Aussage korrespondiert wunderbar mit dem Logion siebzig des apokryphen Thomasevangeliums, von dem nicht wenige Forscher annehmen, daß seine Entstehung möglicherweise noch früher anzusetzen ist als die der kanonischen Evangelien – Matthäus, Markus, Lukas und Johannes – weil es im gnostischen Thomasevangelium ausschließlich um Aussprüche Jesu geht. Im Thomasevangelium gibt es ein bemerkenswertes Wort Jesu in bezug auf Selbstfindung, das Plotins These noch erweitert: »Wenn ihr das hervorbringt, was in euch ist, wird das, was ihr hervorbringt, euch retten. Wenn ihr das, was in euch ist, nicht hervorbringt, wird das, was ihr nicht hervorbringt, euch zerstören.«[25]

An anderer Stelle in Plotins *Enneaden* heißt es bezüglich der verborgenen Kräfte der Seele treffend: »Das Bewußtsein scheint die Vorgänge, die es wahrnimmt, zu verdunkeln, und nur wenn sie ohne es vorgehen, sind sie reiner, wirksamer und lebendiger.«[26]

Gerade weil die Neuplatoniker oder auch die Gnostiker die Materie ablehnten, beschäftigten sie sich mit den Möglichkeiten der Seele. Nur deshalb konnten sie Vorgänge in ihrem Innern so genau beobachten und analysieren. Plotin selbst wurde darüber zum Mystiker, der sich zu Gott erhob, um schon vor seinem Tode mit ihm eins zu werden. Seinen Zustand als »Erleuchteter« beschreibt er wie folgt: »Das Höchste ist immer nahe, strahlend, über allem Erkennbaren ... Der Suchende wird urplötzlich emporgerissen und auf den Kamm der Woge des Geistes gehoben und schaut, er weiß selbst nicht wie.«[27]

Daß bei diesen Ekstasen auch manchmal der Körper mit emporgerissen wird und in der Luft schwebt, wissen wir von Theresa von Avila. Wie alle, die sich der Gnosis verpflichtet fühlen, wußte Plotin, daß einzig seine Seele Gott ähnlich ist. Seinem Arzt, der ihn auf dem Sterbebett besuchte, sagte er deshalb folgerichtig: »Ich habe schon auf dich gewartet. Nun werde ich das Göttliche in mir zum Göttlichen im All zurückbringen.«[28]

3. Schamanen

Schamanen sind Magier besonderer Art, beherrschen sie doch bei den sogenannten primitiven Völkern Astralreisen wie einen Sonntagsspaziergang. Das Schamanentum hat sich vor allem bei den Tungusen Sibiriens erhalten, auch bei einigen Stämmen Afrikas, den Indianern Nordamerikas und in geographisch unzugänglichen Gegenden, auf Küsten und Inseln der nördlichen Meere.

Schamanen, obwohl Einzelgänger, bilden einen Geheimbund für sich und leben innerhalb einer Gruppe, die von ihnen abhängig ist. Schamanen sind Heiler, Visionäre, Sänger, Dichter und geistliche Führer zugleich. Sie stehen mit der Geisterwelt auf gutem Fuße und verfügen meist über paranormale Fähigkeiten. Ihre Denkweise ist nicht analytisch, sondern bildhaft, sie knüpft vor allem an uralte Erinnerungen ihrer Ahnen an. Die ganze Natur ist für sie lebendige Substanz: »Sie wissen um die magische Wirkung der Steine und Pflanzen, der Tiere, des Wassers und des Feuers. Sie erahnen die Witterungen, die Katastrophen, die Epidemien, die Bedrohungen und Unfälle aus der Färbung des Himmels, aus den Geräuschen des Windes, aus der Schwere der Regentropfen, aus der Haltung der Pflanzen, aus dem Flug der Vögel, den Laufspuren der Tiere.«[29]

Berufung und Ekstasetechniken

Schamane wird man nicht aus eigenem Antrieb. Oft ist es ein Traum, der das bisherige Leben beendet, und in dem die Frau oder der Mann Anweisungen für ihr späteres Schamanentum empfängt. Häufig geht mit dieser Berufung auch persönliches Leid und Krankheit einher. Es scheint, als müsse das bisherige Leben erst aus dem Lot gebracht beziehungsweise vernichtet werden, bevor der Schamane für die Wirklichkeit Augen und Ohren bekommt. Viele sträuben sich gegen diesen inneren Transformationsprozeß, der sie hinaus in die Wildnis treibt, wo sie auf sich allein gestellt fasten und beten müssen. Hilfsgeister, die im Leben eines Schamanen die größte Rolle spielen, weisen den Novizen in die schamanistischen Praktiken, Ekstasetechniken und den magischen Flug ein. Sie werden im Traum, in Trance, im Delirium oder bei normalem Bewußtsein erlebt. Als äußerliche Hilfsmittel dienen dem Schamanen Trommel und Kupferspiegel. Aber auch bewußtseinserweiternde Drogen wie Hanf, Fliegenpilz und Peyote werden für die Seelenreise benutzt. Sie dient vor allem dazu, sich selbst zu »entgrenzen«, die Barrieren des eigenen Ichs aufzulösen, um Leben über sich selbst hinaus zu spüren, wie ein Schamane der afrikanischen Buschleute erzählt: »Denn ich empfinde ein Springbockgefühl … Dies bin ich gewohnt, so zu spüren: Ich habe eine Empfindung in den Waden, als ob des Springbocks Blut auf sie heruntertropfe.«[30]

Indianischer Schamanismus und Initiation

»Ihr achtet euch selbst nicht.
Ihr glaubt nur, was ihr in einem Buch nachlesen könnt.
Ihr müßt lernen, eure Augen zu benutzen.
Ihr müßt lernen, mit geschlossenen Augen zu sehen.«[31]

Richtiges Sehen ist ein wesentlicher Bestandteil schamanistischer Einweihung. Um sich diese Gaben zu erwerben, muß man allerdings in die »Anderswelt« gehen. Dieses »Gehen in die Anderswelt« sieht so aus, daß der Schamane durch strenges Fasten und magische Riten sein Tagesbewußtsein verliert und sozusagen in die Innenseite der Dinge schlüpft. In tiefer Trance identifiziert er sich mit den Tieren, vereinigt sich mit den Geistern, durchlebt die verschiedensten Krankheiten. Vor allem aber durchlebt er seinen eigenen Tod. Darin erfährt er, daß er zerstückelt oder aufgefressen wird. Seine bisherige Individualität wird zerstört, damit er mit einer neuen Identität wiederauferstehen kann. Nur so gelingt es ihm, sich Gaben aus der Anderswelt anzueignen.

Mit diesen Gaben sieht er hier, wie er dort sah: Er erkennt die Manifestationen jener Welt in dieser. Die Fähigkeit, wirklich zu sehen, verleiht dem Menschen eine glückliche Hand und gibt ihm augenblickliche Kraft, wenn die Situation es erfordert – etwa auf der Jagd oder im Krieg. Mancher Schamane erfuhr eine Einweihung, die es ihm ermöglichte, nicht nur zu sehen, sondern auch das Geschehen in seiner Umgebung zu lenken. Somit erwächst dem Heiligen, dem Schamanen, dem Magier, dem Adepten die nötige Kraft, um damit zum Beispiel Kranke zu heilen, sich unsichtbar zu machen, zu »fliegen« oder die Zukunft vorauszusagen. Wie weitreichend eine solche machtvolle Einweihung sein kann, verdeutlicht der Ausspruch eines Komantschen: »Der weiße Mann spricht über Jesus – wir sprechen mit ihm.«[32]

Wer eingeweiht ist, stellt nach dem Erwachen keine Fragen mehr. Er ist wach, lauscht und wartet, daß die Antwort zu ihm kommt. »Experten, die Vorträge halten, können nicht das Licht erzeugen, das in uns aufleuchtet, wenn wir ganz für uns allein plötzlich wissen«, erklärte mir vor Jahren ein Indianer in Kanada.

Begegnung mit der Anderswelt

Um eingeweiht zu werden – so sagen die Indianer Nordamerikas – muß man die Begegnung mit der Anderswelt suchen. Bei einigen Stämmen werden die ersten Versuche dazu schon mit fünf Jahren unternommen, und fast überall muß diese Begegnung vor der Zeit der Geschlechtsreife stattfinden. Bei den Beaver-Indianern des Mackenzie-Beckens ziehen Jungen und Mädchen allein aus, um den direkten Kontakt mit der anderen Welt zu suchen, und ihre Mittler sind dabei die Tiere. Die Jungen der Ojibwa gehen in den Wald, um »Sehen und Hören« zu lernen, um »ihre Leere zu fühlen«. Bei den Winnebagos in Wisconsin suchen Jungen und Mädchen auf einer Reihe von spirituellen Reisen den Segen einer Vielzahl von Wesen, darunter »die Geister der Erde, solche, die die Erde durchstoßen, und solche, die unter der Erde leben, die Geister des Wassers und die Geister neben der Erde.« In den Great Plains fasten Frauen und Männer ihr ganzes Leben lang von Zeit zu Zeit, um Visionen zu erhalten, und auch bei den Pueblo gab es einen ähnlichen Fastenbrauch.

Die Memoiren der Tschigeunegon-Prophetin ist eine wunderschöne Erzählung, in der ein Mädchen durch langes Fasten in die Anderswelt gelangt und dadurch zur Heilerin, Prophetin und Medizinfrau ihres Stammes wird. Generell gilt bei den Schamanen Nordamerikas und Asiens, daß kein Eingeweihter in höhere Ränge aufsteigen kann, ohne eigene Visionen gehabt zu haben. Dazu dient oftmals der Weltenbaum, über den man wie auf einer Leiter in die Anderswelt gelangt. Daß diese Vorstellung nicht nur auf die Schamanen Sibiriens und Nordamerikas beschränkt bleibt, macht ein Zitat der Brabanter Mystikerin Hadewych aus dem 13. Jahrhundert deutlich. In einer Vision führte sie ein Engel zu einem auf den Kopf gestellten Baum und sagte: »Meisterin, die du diesen Baum vom Anfang bis zum Ende, zur tiefen Wurzel hinaufklimmst, verstehe, wie dies der Weg des Beginnenden zur Ausdauer des Vollendeten ist.«[33]

Die Einweihung ist universell: Sie begegnet uns auch bei zahllosen Medizinmännern, Magiern und Geistheilern in Indonesien oder Australien. Archaische Ekstasetechniken sind nicht auf einen speziellen Kulturkreis beschränkt.

Neo-Schamanismus

Heutzutage gibt es zahllose »Schamanen-Workshops«, die schon ihrem Wesen nach die heiligen Handlungen des Schamanen profanisieren. Es ist verständlich, daß der Schamanismus für New-Age-Anhänger interessant ist, weil er archaische Religiosität und ganzheitliches Denken miteinander verbindet. In den siebziger Jahren lösten die Bücher des amerikanischen Ethnologen Carlos Castaneda weltweit Begeisterung und Neugier aus. Darin beschrieb Castaneda, wie er beim Gebrauch von Heilpflanzen den Yaqui-Indianer Don Juan Matus kennenlernte. Dieser lud den Amerikaner ein, sein Schüler zu werden. Die Lehren des Zauberers und Schamanen Don Juan führen den Leser in die Geheimnisse indianischer und schamanistischer Lebenswelt ein. Im Mittelpunkt steht auch der Genuß von Drogen wie Peyote, Stechapfel oder Meskalin, mit deren Hilfe der Schamane in Trance gerät, um Kontakt zur Anderswelt aufnehmen zu können. Nach wie vor regen Castanedas Bücher viele Menschen an, sich mit Schamanismus zu beschäftigen. Sehr viel schamanistisches Gedankengut wird auch in diversen *Wicca*-Gruppen gepflegt. Ein Schamane wird man jedoch keinesfalls durch noch so gut angepriesene Schnellkurse an einem Wochenende.

4. Druiden

Ihr Name bedeutet »Eichenkundige« und deutet zunächst einmal an, daß sie sich mit Kräutern und Pflanzen auskannten, um damit Krankheiten aller Art zu heilen. In der Tat berichtet Plinius der Ältere, daß weißgekleidete Druiden in der sechsten Nacht des Vollmonds auf Eichen gestiegen seien, um mit einer goldenen Sichel Mistelzweige abzuschneiden. Danach fand ein großes Fest statt, in dessen Verlauf zwei weiße Stiere geopfert wurden. Neben der Mistel benutzten die Druiden noch zwei wichtige Pflanzen, nämlich »Selago« und »Samulus«. Auch von einem magischen Ei, »Anguinum«, in der Größe eines Apfels schreibt Plinius. Jeder Druide habe es immer bei sich geführt und dadurch Macht über die anderen erhalten. Leider konnte niemand bis heute herausfinden, was es mit diesem magischen Ei auf sich hatte. Plinius zufolge scheinen die Druiden Naturphilosophen gewesen zu sein, profunde Kenner pflanzlicher, aber auch tierischer Heil- und Giftstoffe.

Verschiedene Einweihungsgrade

Es gab unter den Druiden Stufen und Einweihungsgrade: Der gelehrte, eingeweihte Schüler, spiritueller Sohn eines Druiden, wurde Eubage genannt. Sein magisches Zeichen war die Mondsichel und das Füllhorn mit einem darüber schwebenden Mond.

Ihm gleichgestellt oder auch hierarchisch unter ihm – so genau wissen wir es nicht – kamen die Barden, deren Aufgabe es war, die keltische Tradition zu verbreiten.

Die Ovaten schließlich, denen als äußeres Zeichen auch das mystische Schlangenei gebührte, waren Seher und Heiler, die Orakel verkündeten und heilende Orte kannten.

Aus heutiger Sicht werden sie alle als Druiden betrachtet, weil eine Differenzierung aufgrund einer fehlenden schriftlichen Tradition zu schwierig ist.

Die Druiden gehörten zum Volk der Kelten, das seit dem sechsten vorchristlichen Jahrhundert in Gallien – dem heutigen Frankreich –, aber auch auf den britischen Inseln lebte. Die Welt der Kelten war nicht in Staaten gegliedert und ließ sich mit römischer Lebens- und Denkart nicht vergleichen. Vielleicht war diese gänzlich andere Art den Römern derart unheimlich, daß sie einen regelrechten Keltenhaß entwickelten. Sämtliche Kultstätten dieses Volkes wurden dem Erdboden gleichgemacht. Im Jahre 54 v. Chr. wurde die druidische Religion per Edikt abgeschafft und sieben Jahre später mit einem brutalen Feldzug ausgemerzt. Die Lehren der keltischen Weißbärte, wie die Druiden genannt wurden, waren den Römern offensichtlich nicht geheuer. Warum das so war, wird uns leider niemand mehr sagen können.

In Irland und Wales allerdings konnte sich die bardische Tradition des Druidentums noch bis ins Mittelalter erfolgreich gegen das Christentum behaupten. Auch die Gestalt des Zauberers Merlin, der neuesten Untersuchungen zufolge im fünften nachchristlichen Jahrhundert als Druide gelebt haben soll, beweist das Überleben des alten keltischen Glaubens.

Eine elitäre Priesterkaste

Weil die Druiden ihre Geheimlehren nur mündlich überlieferten, besteht heute bei der Erforschung ihres Brauchtums in vielen Fragen Unsicherheit. Einigkeit besteht jedoch darüber, daß

sie aufgrund ihrer Weisheit und ihrer Kenntnisse in der keltischen Gesellschaft eine große Bedeutung besaßen. Sie wurden
als Richter und Ratgeber, als Heilkundige und Magier, als
Dichter und Priester geehrt. Druiden waren in die Mysterien
des Lebens eingeweiht und bildeten einen Stand, der nicht jedem zugänglich war. Fast zwanzig Jahre lang dauerte die Ein-
weihungsphase für Probanden. Sie setzte also höchste Tugend
für die Aufnahme in den Kreis der Druiden sowie Geduld und
Beharrlichkeit voraus. Die Probanden entstammten grundsätzlich der Oberschicht der keltischen Stämme.

Aus vielerlei Gründen hatten sich die Druiden die Benut-
zung der Schrift versagt. Sie wollten der mündlichen Sprache
eindeutig den Vorrang geben. Ein Druide wirkte durch sein
Wort, sowohl über den Geist als auch über die Materie, die seinem Verständnis nach eine Einheit bildeten. Durch ein Wort,
eine Beschwörung konnte ein Druide die Welt verändern. Dies
war nach keltischem Verständnis deshalb möglich, weil ein
Druide als eine Manifestation Gottes galt. »Denn alle Götter
der Kelten sind Druiden, und alle Druiden sind Götter«,
schreibt der berühmte Keltenforscher Jean Markale.[34]

Dies besagt nicht mehr und nicht weniger, als daß sich Gott
in der Sprache, welche die Druiden sprechen, manifestiert. Weil
auch das Böse – im Christentum Satan – die Kunst der Sprache
beherrscht, ist es Gottes Aufgabe, die Schöpfung stets neu zu
erschaffen. Bei den Kelten geschah dies durch die Druiden.
Der französche Magier Eliphas Levi schrieb im Jahre 1854 in
seinem Erstlingswerk *Dogma und Ritual der hohen Magie*: »In
der Natur lebt eine Kraft, die nicht stirbt, und diese Kraft verwandelt die Wesen andauernd, um sie zu erhalten. Diese Kraft
ist die Vernunft oder das zeitliche Wort des Menschen. Dieses
Wort ist allmächtig …«[35]

Druidinnen?

Die Gelehrten streiten sich, ob es sie wirklich gegeben hat oder nicht. Im Grunde spricht nichts gegen die These ihrer Existenz, vor allem, weil der römische Schriftsteller Pomponius Mela von neun Priesterinnen berichtete, die ihr Dasein auf der Insel Sena – Ile de Sein – im äußersten Westen der Bretagne verbrachten. Dort hüteten sie ein Orakel und lebten keusch und abgeschieden. Der römische Autor schrieb ihnen die Macht zu, Winde und Gewitterstürme zu entfesseln und sich selbst in jedes beliebige Tier verwandeln zu können. Außerdem sollten die Druidinnen die Zukunft vorhersagen können. Man darf annehmen, daß Druidinnen in der alten Welt überall als heil- und segenbringende Frauen galten. Erst später, durch das sich verbreitende Christentum wurden sie als böse Hexen diffamiert.

Die Ile de Sein gilt seit alters her auch als Toteninsel der Druiden. Vom Festland, genauer, von der »Bucht der Verstorbenen« aus wurden die Leichname in kleinen Booten zur Insel hinübergerudert. Sie war aber dennoch nicht der Endpunkt der Reise. Von Sena aus ging es weiter zu einer weit im Westen gelegenen Insel: Avalon, die geheimnisvolle Apfelinsel. Dort herrschte Morgana, die »schöner anzusehen ist als die Allerschönste auf Erden«, über ein Reich des ewigen Friedens. Um aber als Verstorbener dorthin zu gelangen – so erfahren wir aus der Weissagung eines bretonischen Druiden aus dem 5. Jahrhundert v. Chr. – muß der Mensch dreimal die finstere Totennacht durchschritten haben, vorbei an den von unheimlichen Totenscharen bevölkerten »Seen der Angst«.

Druidische Glaubenslehre

Nach allem, was wir wissen, dachten die Druiden nicht dualistisch in Gegensatzpaaren von Leib–Seele, Himmel–Erde, oben–unten, sondern monistisch. Ihre Glaubenslehre basierte auf der undurchschaubaren und tiefen Einheit, die zwischen Lebewesen und Dingen, Geschöpfen und Schöpfer, zwischen Materie und Geist existiert. Die berühmte Anweisung der Smaragdtafel des Hermes Trismegistos: »Alles was oben ist, ist wie unten«, wird bei den Druiden noch direkter bezeugt, und hebt die Identifikation hervor: Alles, was oben ist, ist unten.

Folglich war für die Kelten die sichtbare Welt absolut identisch mit der Welt der Götter. Das Diesseits und das Jenseits sind Ausdruck einer einzigen Welt, die zugleich sichtbar und unsichtbar ist. Es gibt hier weder Gutes noch Böses, weder Paradies noch Hölle, weder Tag noch Nacht, weder Leben noch Tod – es gibt nur eine Realität, doch diese Realität besitzt vielerlei Aspekte. Die Welt als solche ist in einem ewigen Werden begriffen. Nach keltischem Verständnis *ist* Gott nicht, sondern er *wird* – mit Hilfe von Materie und Geist.

»Gott ist das Ergebnis des gemeinsamen Handelns aller Lebewesen, und diese Lebewesen stammen einfach von einem als Potentialität begriffenen Gott ab. Es gibt keinen Fall der Engel, es gibt Entwicklung«, schreibt Markale.[36]

Der Tod als Mitte eines langen Lebens

Der keltische Spruch, der Tod sei die Mitte eines langen Lebens, spricht eigentlich gegen die These, daß die Druiden die Seelenwanderung lehrten. Der zitierte Spurch weist jedoch auf etwas anderes hin, nämlich auf die Zahl Drei.

Der Hang zur Dreiteilung ist charakteristisch für das keltische Weltbild: Drei maßgebliche Götter bestimmen die Geschichte im Keltenhimmel – Teutates, Esus und Taranis. Druidische Sprüche sind Triaden, heben immer wieder drei Dinge hervor, die allgemein wichtig sind.

Es existieren nur drei wesentliche Wahrheiten: ein Gott, eine Wahrheit, eine Freiheit. Drei Dinge halten das menschliche Wesen in Ketten: Stolz, Grausamkeit, Lüge. Drei Irrtümer verstricken den Menschen mit dem Bösen: fehlendes Bemühen um Erkenntnis, fehlendes Bemühen um das Gute, Bevorzugung des Schlechten aus Trägheit.

Sankt Patrick, der irische Nationalheilige, erhielt von Druiden auf seine Frage nach ihren Lebensgrundsätzen zur Antwort: Wahrheit im Herzen, Kraft im Arm, Erfüllung in der Rede. Und ein anderer druidischer Spruch teilt uns mit: »Wir lehren, daß die Götter geehrt, kein Unrecht getan und männliche Haltung bewahrt werden muß.«[37]

Ihre Kürze und ihr Rhythmus mag vielleicht erklären, warum diese Sprüche, gerade bei ausschließlich mündlicher Überlieferung, einprägsam gewesen sein müssen. Als wichtigste Zahl überhaupt galt den Druiden die Drei.

Der bereits erwähnte Eliphas Levi bringt es wieder auf den Punkt: »Wäre Gott nur einer, dann wäre er niemals Schöpfer oder Vater, wäre er zwei, dann gäbe es im Unendlichen eine Trennung, und das bedeutete auch für alle übrigen Dinge Trennung oder Tod. Deshalb ist er Drei, damit er die unendliche Menge der Wesen und Zahlen aus sich selbst und nach seinem Bilde erschaffen kann.«[38]

Insofern verkörpert die Zahl Drei die vollkommene Schöpfung. Dieses Mysterium der Drei versuchen alle Religionen entsprechend auszudrücken: Vater, Sohn und Heiliger Geist; Brahma, Vishnu und Shira; Isis, Osiris und Horus, Teutates, Esus und Taranis. Immer tritt zu zwei männlichen Gottheiten eine weibliche hinzu. Der Heilige Geist galt früher als weiblich.

Im übrigen redet auch der Volksmund davon, daß aller guten Dinge drei seien, und man solle dreimal aufs Holz klopfen. Drei Wünsche hat man frei. Drei Aufgaben muß man im Märchen lösen. Sogar das Schicksal ist dreifaltig: in Gestalt der drei Nornen. Es gibt drei Grundfarben: Rot, Blau, Gelb; drei Zustandsformen der Materie: fest, flüssig und gasförmig; drei Zeitformen. Es scheint, daß sich die Schöpfung stets im Dreierschritt vollzieht. Dieses Mysterium war Kern der druidischen Geheimlehre.

Neo-Druidismus

Obwohl der Kult der Druiden offiziell von den Römern völlig vernichtet wurde, so daß eine genuine Fortführung in heutiger Zeit unmöglich schien, agiert seit mehr als zweihundert Jahren weltweit ein neuer Bund der Druiden. Dieser aktive Druidenorden, *Ancient Order of Druids* genannt, wurde 1781 in London gegründet und verbreitete sich nach einer 1833 erfolgten Reorganisation weltweit.

Vor 1781 gab es durch die Jahrhunderte hindurch alle drei bis fünf Jahre vor allem in Wales Zusammenkünfte von »legitimen« Nachkommen des alten Bardenordens, die sich hauptsächlich der Förderung der keltischen Tradition – der Musik und Dichtkunst – widmeten. An diesen Treffen sollen fünfzehn bis zwanzigtausend Menschen teilgenommen haben. Die Barden trugen bei solchen Versammlungen (Eisteddvods) blaue, die Druiden weiße und die Ovaten grüne Gewänder. Jedes Mitglied hatte einen besonderen druidischen Namen. Der innere Kreis dieser Neudruiden nannte sich »Gorsedds«, und man traf sich im Freien angesichts der Sonne, in dem Auge des Lichts und unter der unendlichen Freiheit des Himmels, frei allen Augen und Ohren. Der »Erzdruide« – Leiter dieser Gorsedds – trug ein Schwert in der Hand, in dessen Knauf ein glitzernder Kristall eingelassen war.

Ancient Order of Druids

Im Jahre 1781 wurde in London der *Ancient Order of Druids* gegründet, der neben der walisischen Druidenvereinigung bestand. Inhaltlich sprach sich der Orden dafür aus, daß der Wert des Menschen von politischen und religiösen Dogmen unabhängig sei, ebenso von Reichtum, Rang und Stand – eine in der damaligen Zeit in Westeuropa nicht unumstrittene Forderung. Zweck des Ordens war die Pflege der Geselligkeit und die übernahme karitativer Aufgaben. So unterstützte der Geheimbund beispielhaft in Not geratene Mitglieder oder deren Familienangehörige. Fast zur gleichen Zeit wurden von wissenschaftlicher Seite die Werke Ossians und Taliesins (Merlins) wiederentdeckt, so daß plötzlich auch von öffentlicher Seite ein breites Interesse am Keltentum erweckt wurde. Der Orden wuchs, und es bildeten sich mehr und mehr Logen. Die Treffpunkte wurden »Druidenhaine« genannt; mehrere von ihnen zusammengefaßt wurden als »Distriktgroßhaine« bezeichnet, die von einem Edelgroßerzdruiden geleitet wurden. Mehrere Distrikte bildeten einen »Reichsgroßhain«, dem ein Hoch-Edelgroßerzdruide vorstand.

Der Orden kennt drei verschiedene Grade:

1. Ovatengrad: In ihm werden Erkenntnis und Wissen geübt.
2. Bardengrad: In ihm wird das Kunstverständnis der Mitglieder geweckt.
3. Druidengrad: Er ist der Grad des Wollens, der Beschlüsse und des Handelns. In ihm wird die Ethik des Ordens vermittelt.

Eine besondere Verehrung genießen bei den Neo-Druiden die megalithischen Kultstätten, darunter ganz besonders *Stonehenge* in Südengland. Hier werden in Anlehnung an alte Überlieferungen wieder Initiationsriten und Jahresprozessionen unter Vorsitz weißgekleideter Druiden durchgeführt. Heutzutage unterscheidet man zwischen dem Druidenorden ursprünglicher Prägung und dem *United Ancient Order of Druids* (*UAOD*). Beide Bünde haben weltweit fast eine Million Mitglieder. Sie geben Publikationen in mehreren Sprachen heraus. Im Jahre 1872 etablierte sich der Druidenorden *Dodana-Hain Nr. 1* in Berlin mit zunächst 35 Mitgliedern. Die »druidische Idee« fand aber gerade in Großstädten zahlreiche Anhänger. Auch die Frauen der Brüder des Druidenordens traten zu einem »Druiden-Frauen-Zirkel« zusammen; ihr Zweck: geselliges Beisammensein, sowie Unterstützung der Männer in ihren Wohltätigkeitsbestrebungen.

Im Jahre 1908 wurde in München die *Internationale Weltloge der Druiden* ins Leben gerufen, die durch ihre Mitglieder vor allem dem internationalen Frieden und der Eintracht der Völker dienen will. Gegenwärtig wird die Zahl der aktiven »Druidenlogen« – seit 1887 heißen sie nicht mehr »Haine« – in Deutschland auf mehr als vierzig geschätzt. In der Bretagne sind die neuen Druiden nach wie vor am aktivsten. Ihr Großdruide Gwenc'hlan Le Scouezec schließt sogar Ehen unter den Mitgliedern seines Geheimbundes nach keltischem Ritus.

5. Bogomilen

Eine eigenständige, persisch-gnostische Religionsform war der nach seinem Begründer Mani (217–277 n. Chr.) genannte Manichäismus. Er erwies sich bis ins Mittelalter hinein als Nährboden für Bewegungen, die von der christlichen Kirche abwichen, wie die der Bogomilen oder der Katharer. Der Begriff Katharer leitet sich vom griechischen Begriff »katharos« – »rein« ab. Auch der Ausdruck »Ketzer« läßt sich auf dieses Wort zurückführen. Gerade in der Übergangszeit von der Antike bis zum Mittelalter tauchten die unterschiedlichsten Sekten in der christlichen Welt auf. Es waren dies vornehme Gruppen, die sich von der Kirche trennten und eine eigene Heilslehre entwickelten, wobei sie christliche mit nichtchristlichen Inhalten kombinierten. Allen gemeinsam war dabei ein mehr oder weniger radikaler Dualismus, der das Leib-Seele-Problem besonders thematisierte. Auch das Alte Testament wurde verworfen, weil es einen bösen Demiurgen verkündet, dem der neutestamentarische Gott der Liebe scharf entgegengesetzt ist.

Mitunter verhielten sich solche Sekten auch äußerst geschickt, um Verfolgungen zu entgehen. So die Paulikianer, eine Sekte, die um 660 n. Chr. von einem Armenier gegründet worden war und auf dem Balkan bis ins 12. Jahrhundert hinein sehr einflußreich blieb. Inhaltlich wurde ihre Lehre nur wenig bekannt, weil sie den Nichteingeweihten vorenthalten wurde. Man ging sogar so weit, sich nach außen dem katholischen Kult und seinen Vorschriften zu unterwerfen, um die Öffentlichkeit zu täuschen. Vor allem die Bogomilen haben von den Paulikianern manches übernommen.

Die Welt ist böse von Anbeginn an

Um 975 n. Chr. begann ein Dorfpriester namens Bogomil in einem gebirgigen und unzugänglichen Gebiet Mazedoniens vor dem Kleinadel, dem niedrigen Klerus und den Bauern zu predigen und zu lehren: Die Verachtung der Kreuzesverehrung und der Autorität des Alten Testaments standen dabei im Mittelpunkt. Und Bogomil hatte Erfolg damit. Diese Welt ist böse, sagte er den Bauern, wendet euch deshalb einer mönchischen Gesinnung zu, einem manichäischen Lebensstil, um in diesem Jammertal wahrhaft Trost zu finden.

Häufig geht ein dualistisches Weltbild aus einer Rebellion gegen eine Welt hervor, welche als hart und ungerecht empfunden wird. Bogomil lehnte Macht und Reichtum der weltlichen Staaten und selbstverständlich auch der Kirche ab: »Aller Prunk der Kirche und ihre Sakramente, Bilder und Gebete, alle Macht des Staates und der Reichen sind eitel und nichtig, der Wahrhafte, Bescheidene, Demütige, kurz, der Christ kann auf dieser Erde nur Verfolgung und Tränen erwarten.«[39]

Interessant ist – auch für die heutige Diskussion –, daß die Bogomilen die Kreuzverehrung, wie sie die römische Kirche vorschreibt, ablehnten. Für sie stellte das Kreuz das alte Sonnenzeichen dar, wie es schon Jahrhunderte vor dem Christentum auch im Nahen Osten verehrt wurde. Wenn die Bogomilen Jesus am Kreuz allein durch die Balken bildlich darstellten, so sahen sie darin immer einen lebenden Christus und keinen gestorbenen Gott. Warum sollte Gottvater dieses Holz oder Kreuz als heilig betrachten? Für sie, wie für die späteren Katharer, die allem Anschein nach aus der Geheimsekte der Bogomilen hervorgegangen sind, konnte Jesus nur als Lebender abgebildet werden – mit weit ausgebreiteten Armen oder mit der Sonne, die seinen Kopf symbolisierte. Eines ihrer Zeichen war das gleichschenkelige Kreuz im Kreis.

Die »Erwählten« und die Möglichkeit zur Reinkarnation

Bei den Bogomilen gab es zwei Gruppen von Anhängern. Die »Erwählten«, die auf einer höheren Stufe standen und alle Anweisungen streng zu befolgen hatten, und die einfachen »Gläubigen«, die noch im Banne Satans standen, sich jedoch aufgemacht hatten, von ihm loszukommen. Um »rein« zu werden, wurde dem Betreffenden im Laufe einer Zeremonie die Hand aufgelegt. Diese Geisttaufe, formell der christlichen Taufe entgegengestellt, wurde später von den Katharern übernommen und »Consolamentum« genannt.

Wer in diesem Leben nicht »rein« werden konnte, der erhielt die Chance dazu im nächsten Leben, denn die Bogomilen glaubten an die Reinkarnation.

Im Laufe der Jahrhunderte breitete sich die Geheimsekte rasch aus. Im Jahre 1140 wurden ihre Anhänger von Byzanz energisch verfolgt. Über Norditalien und Südfrankreich drangen die Bogomilen bis nach Nordfrankreich vor. Von kirchlicher Seite wurden sie nicht Bogomilen genannt, sondern »Bulgaren« oder »Bougres«. Die Frage bleibt offen, ob sie dabei auch bis zum Montségur vorgedrungen sind und ob sie dort das Aufblühen des Katharismus mitverursacht haben.

Arno Borst, Autor eines Standardwerkes über die Katharer, schreibt über die »Bulgaren«: »Der Bogolismus, die mächtigste Sektenbewegung in der Geschichte des Balkans ... ist in seinem Wesen eine sonderbare Mischung von erneuertem christlichen Lebensernst und erlebtem Dualismus, der allmählich zur Lehre wird. Er ist mit der gewaltigsten häretischen Bewegung des europäischen Abendlandes nahe verwandt und hat ihr die dualistische Lehre gebracht; aber Bogomilen und Katharer sind nicht miteinander identisch. Das Abendland ist nirgends, auch in seiner meistverfolgten Ketzerei nicht, ein bloßer Abklatsch des Ostens. Lehren, Schriften und Missionare mögen aus dem Osten kommen; die Ketzerei im Abendland hat seit dem Beginn unseres Jahrhunderts ihr eigenes Gesetz.«[40]

Kontakte zwischen Bogomilen und Katharern

Kontakte zwischen Bogomilen und Katharern lassen sich kaum leugnen. Zu eng verwandt sind ihrer beider Lehren miteinander. In Europa rumorte es vielerorts, die Menschen sehnten sich nach einem gerechten religiösen Ausgleich ihrer nicht selten harten Lebensumstände. Man kann sich heutzutage oft nicht vorstellen, wie belebend eine solche häretische Lehre mitunter auf den einzelnen, einfachen Menschen gewirkt haben mag.

Ein einzigartiges Dokument aus dem 11. Jahrhundert macht es uns deutlich: Da kommt, so erfahren wir, eines Tages ein Bauer aus der Champagne vom Feld heim, verjagt seine Frau, zerschlägt die Kruzifixe in der nahe gelegenen Dorfkirche, verweigert dem Priester die Abgabe des Zehnten und will den Propheten des Alten Testaments keinen Glauben mehr schenken. Alle halten ihn für verrückt, zuletzt stürzt er sich in einen Brunnen. Die Ablehnung des Kreuzes, der Ehe, des Alten Testaments und der Kirchenmacht, die, auf welchen Wegen auch immer, bis zu ihm vorgedrungen war, sind eindeutig Elemente des Bogolismus. Andere machten es dem Bauern später nach und lehnten Taufe, Beichte und Eucharistie radikal ab. Für sie galt die Materie als unrein. Reinigung konnte ihrer Ansicht nach nur durch Handauflegen erfolgen. Sie – die wahren Christen – wurden am 28. Dezember 1022 als erste Ketzer des Abendlandes zum Tode durch den Scheiterhaufen verurteilt. Sie nahmen ihr Schicksal gelassen hin, weil ihr Glaube ihnen Aufnahme im »Paradies des Lichts« versprach.

Doch es tauchten neue »wahre« Christen auf. Sie alle versuchten eine bestimmte Lebensform in einer Welt wiederzufinden, in der Armut und Reichtum krass aufeinanderstießen. Reichtum für wenige, darunter die Kirchenoberen; Armut für neunzig Prozent der Bevölkerung. Die meisten Häretiker in jener Zeit waren keine Intellektuellen. Ihre Argumente waren schlicht, aber vollkommen einsichtig; mitunter nannten sie sich die »Armen Christi« – das war auch schon ihr ganzes »Programm«. Sie alle hatten jedoch gegen die mächtige Kirche keine Chance und endeten meist auf dem Scheiterhaufen. Im Jahre 1148 hörten die Konzilväter von Reims unter schallendem Gelächter Eon von Stella an, der in der Bretagne eine Gruppe von Gläubigen um sich gesammelt hatte. Eon, der sich theologisch nicht verteidigen konnte, weil er ungebildet war, starb wenig später im Gefängnis von Reims.

Es schien, als könne nur eine Häresie hartnäckig Widerstand leisten, die sich auf ein dogmatisches Gerüst stützt. Dieses Gerüst besaßen die Katharer. Vor ihren Gelehrten verstummten selbst gelehrte Katholiken.

6. Katharer

Die Geschichte der Katharer und vor allem ihr Untergang ist
eng mit einem Ort verbunden: Montségur. Sein Name steht
nach wie vor für ein Geheimnis an sich, und dies nicht nur, weil
er an die mystische Gralsburg der Artus-Romane, Montsalvage, erinnert. »Montségur« ist abgeleitet von »Mont Sur«,
dem sicheren Berg, und Montsalvage ist der Berg des Heils.
Gibt es Gemeinsamkeiten zwischen ihnen?

Die Verzauberung, die die Burg von Montségur bei vielen
auslöst, entsteht zum einen aufgrund ihrer außergewöhnlichen
Lage. Sie befindet sich wie ein Adlernest auf dem schmalen
Grat eines Berggipfels im Süden Frankreichs, unweit der Pyrenäen. Durch ihre verfallenen Mauern bläst der Wind, und
beim Blick von ihren Zinnen aus befällt einen ein heftiges
Schwindelgefühl angesichts der zerklüfteten Abhänge, der tiefen Schluchten ringsumher, die sich dem Betrachter wie
Schlunde der Hölle öffnen. Dieser Felsblock, so scheint es, ist
fast uneinnehmbar. An allen Seiten bieten die sechzig bis ach-
zig Meter senkrecht abfallenden Steilhänge einen ebenso wirksamen Schutz wie Festungsmauern. Hier oben also stand einst
die albigensische Festung, die ehemals mächtige Katharerburg.
Über ein Jahr lang wurde sie im 13. Jahrhundert von den königlichen Truppen belagert. Dann, am 16. März 1244, verließen
die Bewohner von Montségur ihre Burg, aber nicht um klein
beizugeben. Zweihundertfünf Katharer weigerten sich nach
wie vor, ihrem Glauben abzuschwören. Sie stürzten sich vielmehr singend in die Flammen des Scheiterhaufens. Am Vor-
abend hatte ihr Kommandant Pierre-Rogere de Mirepoix noch
vier von ihnen – Parfaits – zur Flucht verhelfen können. An Sei-

len hatten sie sich an der Westwand des Berges hinuntergelassen. Wer waren diese vier Männer? Vielleicht Katharer, die bestimmte Geheimnisse kannten? Oder sollten sie gar wichtige Dokumente oder etwa den Katharerschatz in Sicherheit bringen? Ihre Flucht hat zu mancherlei Spekulationen um diese außergewöhnliche Geheimsekte Anlaß gegeben.

Die elitären »Reinen«

»Anfangs gab es zwei Prinzipien, das Gute und das Böse, und in ihnen war für alle Zeiten das Licht bzw. die Finsternis begriffen. Aus dem Prinzip des Guten kommt Licht und Geist; aus dem Prinzip des Bösen Materie und Finsternis.«[41]

Diese Sätze sind Teil des katharischen Glaubensbekenntnisses. Bereits die Bogomilen hielten sich für Himmelsbewohner. Im 12. Jahrhundert vollzog sich im westlichen Europa der Zusammenschluß der Katharer. Sie verbargen sich nicht mehr hinter dem Namen der Bogomilen, weil sie keine Bogomilen mehr waren. Der Bogolismus war zwar weiterhin ihr Erbe, doch die Erfahrungen mit den Härten einer ungerechten, bösen Welt verdichteten sich allmählich zu einem Dogma und einem praktischen Moralsystem, wobei es stets der Teufel war, der alles Sichtbare und Vergängliche geschaffen hatte, unter anderem auch den menschlichen Körper und die Sexualität. Gottes Schöpfung hingegen war von Dauer – das Unsichtbare und die unverderbliche menschliche Seele. Der reine Mensch war folglich himmlisch und körperlos. Diese neue Bewegung hatte sich zunächst im stillen formiert. In der Champagne wurde das erste katharische Bistum gegründet. In Südfrankreich geschah dies wohl zuerst in der Gegend von Albi – daher der Name Albigenser.

Die Sekte verbreitete sich rasch. In Köln gründeten die Katharer Schulen, denen auch angesehene Bürger angehörten. Die Kirche war entsetzt. Die Ketzerei der Katharer bestand vor allem darin, daß sie die Existenz zweier Christusgestalten annahmen: Demnach gab es den irdischen Christus, der in Jerusalem gekreuzigt worden war, und dies zu Recht, da er mit Maria Magdalena in wilder Ehe zusammengelebt und sogar Kinder mit ihr gehabt habe. Daneben gab es den himmlischen Christus, der nicht aß oder trank und in der unsichtbaren Welt geboren und gekreuzigt wurde. Merkwürdigerweise ist in Rennes-le-Chateau eine Kirche der Maria Magdalena geweiht, die sich der Legende nach in Razès mit ihren Kindern, deren Vater Jesus gewesen sei, niedergelassen haben soll. Mit einer fränkischen Familie verbündet, sollen diese die Urahnen der merowingischen Königslinie gewesen sein.

Einer anderen katharischen Auffassung zufolge ist Christus am Kreuz gestorben und zugleich geschah dasselbe mit Satan im Himmel. Hier zeigt sich wieder der Dualismus, und schließlich entsteht der Gedanke, Jesus und Satan seien beide die Söhne Gottes. Nun, es gibt gute und schlechte Söhne; und überhaupt: Christus galt als Prophet, als Lehrer, aber nicht als Erlöser, denn er war nur ein Engel. Einige Radikale vermuteten gar, daß Christus überhaupt keinen Leib wie jeder andere besessen habe, sondern nur einen »Corpus phantasticum« – wie ein Zauberer ein Ding erscheinen läßt, das nicht wirklich vorhanden ist. Ein Scheinleib also! Und seine Wundertaten sind verächtliche Blendwerke der Materie, Zauberkunststückchen.

Von den Gemäßigteren unter den Katharern war zu hören: Christus? Jede gefallene Seele ist seinesgleichen. Höher jedoch als dieser galten die Vollendeten unter den Katharern, als die »Parfaits« oder »Perfecti«. Man kann sich vorstellen, daß diese Denkweise die Kirchenoberen zutiefst erzürnte.

Parfaits und Credentes

»Meine Seele ist die Seele eines gefallenen Engels, die seither schon durch viele Körper wie durch wechselnde Käfige hindurchgewandert ist.«[43] So sprachen die Parfaits oder die »Vollendeten« und meinten damit nicht sich, sondern die normalen Gläubigen. Es kam immer wieder vor, daß die oberste geistige Führungsschicht der Katharer – manchmal nur fünfzehn »Vollendete« in einer Region Südfrankreichs – an die tausend Anhänger mitriß, und dies nur durch ihr Wort, ihr Zeugnis, ihre Ausstrahlung. Die Parfaits, deren Seele erlöst war, kamen ihrer Lehre gemäß nach ihrem Tod sofort in den Himmel, während die Gläubigen oder Credentes so lange wiedergeboren wurden, bis sie rein waren. Die Versammlung der Parfaits bildete die oberste Autorität in den katharischen Gemeinden. Sie selbst waren rigorose Asketen. Ihr Dasein war beschwerlich. Selbstverständlich war sexuelle Enthaltsamkeit gefordert. Die Männer und Frauen waren bleich und mager vom Fasten. Alle waren mit einem mönchsähnlichen Rock bekleidet, später trugen sie Kapuze oder einen breiten Filzhut; gelegentlich mit einem Wanderstab ausgerüstet zogen sie durch die Dörfer und Städte. Brot, Fisch, Gemüse und Früchte waren ihre Hauptnahrung, nichts durfte mit Fett zubereitet werden, und um Verunreinigungen von vornherein zu verhindern, trugen die Parfaits ihre eigenen Teller »neunmal gespült« und ihre persönlichen Handtücher durch die Welt. In Westeuropa dürfte es zu keiner Zeit mehr als zehntausend Parfaits gegeben haben. Nach 1300 fanden sich in ganz Südfrankreich noch um die zehn Parfaits. Dennoch stellten selbst diese wenigen Vollendeten, die alles Diesseitige von sich geworfen hatten, eine furchtbare Macht dar: »Denn in ihrem gelebten Leben begegnen sich bogomilisches Dogma, Kirchenreform und abendländische religiöse Bewegung in imponierender Einheit.«[44]

Die Parfaits entwarfen ein Gegenbild zur katholischen Kirche. Nur die Parfaits bildeten den unveräußerlichen Kern katharischen Wesens. Jeder dieser »Vollendeten« war gewissermaßen ein Papst für sich. Sie lehrten, daß die wahre Kirche arm und verfolgt sein müsse, während die Katholiken goldene, mit Edelsteinen besetzte Ringe trugen. Von einem Parfait stammt das schöne Wort: »Das Geld der Welt ist die Fäulnis der Seele.« Die katholische Kirche galt diesen vollendeten Männern und Frauen als die große »Hure Babylons« aus der Apokalypse.

Parfaits töteten niemals Menschen, selbst dann nicht, wenn sie selbst angegriffen wurden. Die Todesstrafe für Ketzer oder Verbrecher war für sie Mord. Auch Tiere, die nach der Reinkarnationslehre die Seele von Menschen bergen konnten, waren mit Ausnahme von Sechsfüßlern, Fischen oder Flöhen, tabu. Schlangen, Eidechsen, Mäuse, Kröten wurden gleichfalls nicht respektiert, denn sie galten als »Satanstiere«.

Das »Consolamentum« (wörtlich: die »Tröstung«) wurde als einziges Sakrament benutzt, um jemanden aus der Mitte der »Gläubigen« in die Gruppe der Parfaits aufzunehmen. Ein Gläubiger konnte im Prinzip jeder werden; allerdings glaubten die Parfaits, daß es nur eine ganz bestimmte Anzahl von ihnen auf der Erde gab. Die restlichen Menschen blieben Verdammte. Das Consolamentum war ein Akt von höchstem Ernst. Mit ihm schwor der neue Parfait allem »Schmutzigen« in der Welt ab, um den höchsten Grad an Reinheit und Weisheit zu erlangen. Katharische »Gläubige« durften heiraten, Fleisch essen oder Menschen töten, wenn dies notwendig wurde. Man darf mit Fug und Recht behaupten, daß es vermutlich niemanden unter den Parfaits gab, der rückfällig geworden war. Denn man durfte nur einmal in seinem Leben Parfait werden. Wer diesen höchsten Stand verspielte, der stieg in seinem nächsten Leben auf eine tiefe Stufe hinab, und es war unmöglich für ihn, jemals daraus erlöst zu werden.

Das Ritual, um Parfait zu werden, war für alle Credentes gleich. Am Anfang versprach der »Kandidat«, daß er sich niemals mehr den Werken des Fleisches ausliefern werde, nie mehr lügen, niemals mehr einen Eid schwören werde, und nie die Gemeinschaft der Katharer verlassen werde, auch nicht aus Angst vor Wasser, Folter oder Feuer. Danach betete er laut das häretische Vaterunser, das unter anderem nicht von »unserem täglichen Brot« sprach, sondern selbstverständlich vom »geistlichen Brot«. Am Ende legten die anderen Parfaits dem Neuerwählten ihre Hände und ein »Buch« (das Evangelium) auf den Kopf und gaben ihm den Bruderkuß. Dabei warf sich die ganze übrige Versammlung der Credentes vor ihnen nieder.

Wie stark der Glaube eines Parfaits sein konnte, wissen wir durch die Inquisitionsprotokolle. Die Katharer kannten nämlich die »Endura«, das gewollte Verhungern. Da diese Praxis von manchen Katharern im Winter ausgeführt wurde – sie gingen in die Berge, um dort freiwillig an Kälte und Hunger zu sterben – praktizierten auch einige Parfaits diesen rituellen Selbstmord in der Gefangenschaft.

Einen Totenkult kannten die Katharer nicht. Der Leib wird niemals auferstehen, sagten sie. Dagegen wird die Seele des Parfaits von achtzehn Engeln durch jeden der sieben Himmel geleitet. Der katharische Himmel kennt grüne Weiden, Wiesen und Singvögel und weder Durst und Hunger noch Hitze und Kälte. Was aus der Erde werden wird, kümmerte die Katharer wenig. Sie könnte am Ende der Zeit zur Hölle, zum »Paradies der Dummen« entarten. Die meisten glaubten jedoch, daß die Bösen in einem sinnlosen Kreislauf auf ewig geboren würden, um auf diese Weise durch immer neuere, schrecklichere Körper zu wandern.

Anekdoten und Parabeln als Lehrform

Es wurde immer wieder gefragt, wie die Katharer ihre Lehre weitergaben, wie sie überhaupt Anhänger gewannen? Heute weiß man, daß ein großer Teil der Lehre in Form von Mythen und Parabeln gepredigt wurde, die allesamt so angelegt waren, daß sie schlichten Bauern die fundamental gnostischen Ideen beibringen konnten: den Gegensatz zwischen einem guten und einem bösen Gott, die Gleichsetzung des guten Gottes mit dem unendlichen Reich des Lichts, der unüberwindliche Gegensatz zwischen Körper und Seele, die unerfreuliche Möglichkeit, daß eine unerlöste Seele im Körper eines Tieres wiedergeboren werden kann, sowie Schöpfungsmythen, die den tiefen Fall der Seele in die Materie beschrieben.

Einige dieser Parabeln finden sich in dem Buch *Montaillou* des französischen Historikers Emmanuel Le Roy Ladurie. So auch die folgende:

»Es gibt einen Vogel, der heißt Pelikan. Seine Federn scheinen wie die Sonne, und der Sonne folgt er allezeit nach. Dieser Vogel hat nun Junge. Diese ließ er im Nest, während er selbst der Sonne nachfolgte. Während seiner Abwesenheit drang ein wildes Tier in sein Nest und riß den jungen Küken die Glieder ab und schnitt ihnen die Schnäbel weg; da nun der Pelikan zurückkehrte und seine Küken so verstümmelt und ihrer Schnäbel beraubt fand, heilte er sie. Da sich aber das gleiche mehrmals wiederholte, dachte der Pelikan bei sich, es sei wohl das beste, wenn er seinen Glanz verberge und sich selbst im Nest verstecke, um das wilde Tier bei seinem nächsten Besuch ergreifen und töten zu können. Und so geschah es.

Und die kleinen Pelikane waren nun vor den Nachstellungen jenes wilden Tieres sicher. Auf die gleiche Weise aber machte der gute Gott die Geschöpfe, und der böse Gott zerstörte sie, bis Christus seinen Glanz ablegte oder verbarg, da er

aus der Jungfrau Maria inkarniert ward, und dann den bösen
Geist ergriff und ihn in die Höllenfinsternis versetzte, so daß er
hinfort nicht länger die Geschöpfe des guten Gottes zerstören
konnte.«[45]

Das Ende eines Ideals?

»Aus dem Blut der Katharer ist keine neue Saat erwachsen.
Das schreckliche Ende, das jedem katharischen Amtsträger
früher oder später bevorstand, hat die katharische Kirche le-
diglich vor dem Versinken in das Diesseits bewahrt«, schreibt
Arno Borst.[46]

Die Katharer selbst sahen vor allem im Papst – vor allem in
Innozenz III. – ihren gefährlichsten Feind. Dieser wiederum
wollte seit 1231 – erstaunlicherweise gegen den Widerstand
vieler Bischöfe und einer Reihe von Städten – mit Hilfe der
kaiserlichen Gesetze die physische Vernichtung des Katharer-
tums erreichen. Seine getreuen Helfer hierbei waren die Do-
minikaner und Franziskaner. Diese beiden Orden bildeten das
Institut der schrecklichen Inquisition.

Die Hochburg der Katharerbewegung war zu diesem Zeitpunkt Montségur in Südfrankreich. Diese nahezu uneinnehm-
bare Festung auf einem Felsgrat wurde über ein Jahr lang von
den Truppen des Königs belagert. Dann stellte man den Katharern ein letztes Ultimatum: Montségur am 16. März 1244 zu
übergeben. Das merkwürdige an diesem Datum war, daß in jenem Jahr die Tagundnachtgleiche auf den 15. März, also den
Vortag, fiel. Und man entdeckte in Montségur im nachhinein
ein »Sonnenzimmer«. Wollte man den Katharern also zugeste-
hen, zum letzten Mal ein rituelles Sonnenfest zu feiern? Gab es
folglich einen Sonnenkult auf dem Montségur?

Das Rätsel des Sonnenzimmers

Diese Fragen sind nicht leicht zu beantworten. Nach allem, was wir wissen, haben die Katharer nicht nur magische Praktiken, sondern Rituale im allgemeinen bis auf das Consolamentum ausdrücklich abgelehnt. Seltsamerweise hat es auf Montségur aber ein »Sonnenzimmer« gegeben. Wozu wurde es wohl benutzt? Wenn man der Theologie der Katharer folgt, dann kann ein solcher Raum nur dazu gedient haben, ein »Ort der Wandlung« zu sein. Also ein Ort, an dem der in der Materie gefangene Mensch erwacht und die wohltuenden Strahlen des anfänglichen Lichts empfängt. Jahrhunderte später sprachen die Alchimisten in ihren Texten von einem Ort, der als Sammelbecken für die Sonnenstrahlen betrachtet wurde, in welchem sich die Metamorphose der Urmaterie zum Stein der Weisen vollzieht. Aber die Alchimisten waren keine Katharer, und den Katharern war jegliche Alchimie fremd. Oder doch nicht?

Es scheint, als ob das »Sonnenzimmer« in der Halle des Wohnturms von Montségur ein Geheimnis dieser Geheimsekte bleibt, vielleicht sogar ihr einziger Schatz. So ist es denkbar, daß die Katharer am Vortag ihrer Vernichtung ein Sonnenritual abhielten, denn nach ihrem Glauben ist die Sonne jenes anfängliche Licht, aus dem alle Lebewesen hervorgingen. Sollten sie dieses Ritual im manichäischen Sinne abgehalten haben, so werden sie auch jenen mystischen Seelenflug unternommen haben, bei der man in der Ekstase durch alle sieben Himmel reist, um im letzten jenen Ort anzutreffen, an dem das Licht von vollkommener Klarheit ist. Daß bei den Katharern die Vorstellung von den sieben Himmeln – ein anderes Bild für die hierarchische Ordnung geistiger Ebenen – äußerst beliebt war, ist bekannt. Ob sie aber daraus ein geistiges Ritual machten, bleibt uns für immer verborgen.

Und wie steht es mit der Beantwortung der Frage nach den

vier geheimnisvollen Parfaits, die Montségur am 15. März 1244 verlassen konnten? Diese vier Männer zählten nicht zu den 205 ermordeten »Häretikern«. Angesichts der Schicksalsergebenheit der Katharer düften sie zwingende Gründe gehabt haben, aus Montségur zu flüchten. Welche Gründe könnten dies gewesen sein? Ein gewaltiger Schatz, den man in Sicherheit bringen wollte? Was aber könnten vier noch so gut trainierte Männer transportiert haben? Vom Gewicht her vermutlich nicht allzuviel. Also doch nur geheime Dokumente? Von welcher Art könnten diese gewesen sein, daß sie gleich von vier Männern weggeschafft werden mußten? Oder sollten die vier Parfaits nur bestimmte Geheimangaben weiterleiten? Jeder besaß das gleiche Wissen, und wer immer sie auf ihre gefährliche Mission geschickt hatte, wollte vielleicht durch ihre Anzahl gewährleisten, daß zumindest einer von ihnen durchkam. Diese scheint am wahrscheinlichsten, und damit ist auch klar, daß sie alle vier ihre Geheimangaben überbracht haben müssen, ohne Spuren zu hinterlassen. Die Spitzel der Inquisition und des Königshauses konnten jedenfalls offensichtlich nichts ausfindig machen. Worin aber bestand nun ihre geheime Botschaft? Und wer hat sie erhalten?

Der Heilige Gral als »sang royal«

In bezug auf diese Geheimangaben denken viele an den Heiligen Gral – eine Verbindung zu den Katharern, auf die besonders Wolfram von Eschenbachs Gralsfassung hinwies. War er der geheime Schatz der Geheimsekte? Der Gral selbst ist ein Behältnis, das Christi Blut enthalten soll. Mit ihm verbunden ist die Vorstellung, daß es eine Elitetruppe gibt, ein heiliges Geschlecht, das in einer teuflischen Welt die ursprüngliche Reinheit aufrechterhalten muß. Hier treffen sich eigentümlicherweise Grals- und Katharermythos, wobei bei den Katharern ein Schatz nicht materiell sein kann. Wolfram von Eschenbach nennt die Gralshüter »Templer«. Diese wiederum hatten eine Allianz mit den Katharern. Manche behaupten sogar, daß die Tempelritter die »Exekutive« der Geheimsekte gewesen seien. Es steht jedenfalls fest, daß es Verbindungen zwischen den Templern und den Katharern von Montségur gab. Was den Heiligen Gral angeht, so lassen sich merkwürdige Wortvarianten finden: »Saint Graal« hieß im 15. Jahrhundert »Sangreal«, was an das französische »sang royal« – »königliches Blut« erinnert. Dies ist ein Hinweis auf ein Königsgeschlecht, bestehend aus der Familie der Gralskönige. Dieses Geschlecht wird in den meisten Texten über Joseph von Arimathia auf den biblischen König David zurückgeführt.

Das Ganze ist verwirrend, schon deshalb, weil dieses »sang royal« zum Beispiel auch in den Adern der Familie der Habsburger fließen soll. Diese Vermutungen basieren auf der Annahme, daß Jesus zusammen mit Maria Magdalena Nachkommen gehabt habe. Diese angeblich reuige Prostituierte soll jene gewesen sein, der er nach seiner Auferstehung als erste erschien. Maria Magdalena soll mit ihren Kindern in die südfranzösische Grafschaft Razès – das spätere Katharergebiet – gekommen sein, wobei sie vorher, wie die Sinti und Roma glauben, in Saintes-Marie-de-la-Mer (Camargue) an Land gegangen ist. Ihre Kinder haben dann ein Geschlecht begründet, aus dem später das Geschlecht der Merowinger hervorging. Die Merowinger wiederum wurden vor allem durch eine wenig glorreiche Rolle der katholischen Kirche zugunsten der Karolinger verdrängt.

Der legendäre »Schatz« der Katharer

Der »Schatz« der Katharer bestünde also demnach in dem Beweis für die Existenz einer verbürgten göttlichen Dynastie, die durch den karolingischen Usurpatoren und ihre Nachfolger, die Kapetinger, zurückgedrängt wurde. Diese Hypothese korrespondiert interessanterweise mit dem westeuropäischen »Mythos vom großen Monarchen«, einem legendären Weltenherrscher, der um das Jahr 2000 erscheinen soll und einem göttlichen Geschlecht angehört. In einigen Legenden taucht er aus den geheimnisvollen Tälern der Razès nach jahrelangem Schlaf wieder auf, wie König Artus, der in naher Zukunft seine Insel Avalon verlassen soll, oder wie Friedrich Barbarossa, der im Kyffhäuser liegt und schläft. Der »Mythos vom großen Monarchen« läßt sich möglicherweise auf den »Schatz« der Katharer zurückführen, welcher demnach nichts anderes ist, als das Wissen um das »heilige und mystische Gralsgeschlecht, das bis auf König David zurückgeführt wird und von Joseph von Arimathia über Maria Magdalena und Jesus bis zu Lanzelot vom See reicht. Das wäre der wahre »Heilige« Gral, das »sang royal«, wie der französische Keltenforscher Jean Markale schreibt.

Damit ist also nicht auszuschließen, daß die vier Parfaits in einer Märznacht des Jahres 1244 dieses esoterische Wissen vor der Übergabe der Festung Montségur mit sich fortgetragen haben. Es gibt einen alten Lobgesang auf Maria Magdalena, dessen zweite Strophe lautet: »Die verlorene Drachme ist im königlichen Schatz verborgen, und der Edelstein, gereinigt vom Schmutz, strahlt heller als die Sterne.«[47]

Ist dies ein Hinweis auf den Gral, der die göttliche Seele enthält?

Katharer als Vorläufer der Reformation

Was wurde aus den Katharern? Nach 1244 flohen die letzten Katharer aus Frankreich nach Norditalien. In den Städten zwischen Alessandria und Verona gab es um 1260 viele katharische Diakone. Doch die Inquisition war übermächtig. Nach 1280 wurden die großen Städte wie Mailand, Genua, Venedig oder Florenz zu den letzten Schlupfwinkeln der Katharer. Um 1320 waren schließlich auch diese von der mächtigen Kirche ausgetilgt. Die letzten Parfaits und Credentes flohen nach Sizilien, bis sich auch hier ihre Spuren verloren. 1381 tauchten in Siena noch einmal Katharer auf. Fünf Jahre später wurden sie öffentlich verbrannt. Am 3. August 1412 wurden westlich von Turin feierlich die Gebeine von fünfzehn toten Parfaits ausgegraben und dem Feuer übergeben. Damit war alles zu Ende. Allerdings wußten die Bezwinger der Katharer nicht, daß zweihundert Jahre später die Reformation folgen würde – eine Bewegung mit erheblich größeren Konsequenzen, deren Vorläufer die Katharer des 14. Jahrhunderts gewesen waren.

In manchen Märchen, wie in dem französischen Märchen *Der seelenlose Körper* haben sich über die Jahrhunderte hinweg katharische Motive bewahrt: »Meine Seele ist in einem feuerroten Ei und befindet sich im Körper einer Taube. Die Taube ist in einem Fuchs, der Fuchs in einem Wolf, der Wolf in einem Eber, der Eber in einem Leoparden, der Leopard in einem Tiger, der Tiger in einem Löwen, der Löwe in einem Menschenfresser, der weder Mensch noch Tier ist.«[48]

Eine traurige Vorstellung, die den Fall der Seele in die Materie symbolisiert. Haut und Schale müssen entfernt werden, um an das verborgene Göttliche zu gelangen. Dieses Volksmärchen hat wie viele andere (zum Beispiel *Pelleas und Melisande*) bis heute den Glauben der vernichteten Geheimsekte bewahrt.

7. Gralssucher

In Wolfram von Eschenbachs Epos *Parzival* aus dem Jahre 1200 liest der Heide Flegetanis in den Sternen und verkündet ehrfürchtig, daß es wirklich »ein Ding gäbe, das der Gral hieße«. Dieser vollkommene Gegenstand, so fügt Flegetanis hinzu, werde von einem christlichen, zum reinen Leben erzogenen Geschlecht gehütet: »Wer zum Gral gerufen wird, besitzt höchste menschliche Würde.«[49]

Es hat sie gegeben, jene Männer, die ihren wahren Namen niemals verrieten und im 12. und 13. Jahrhundert auf der Suche waren. Sie waren Mitglieder einer geheimen Bruderschaft und wurden generell als die wahren Meister hinter den manifesten Orden angesehen. Dies behauptet die Theosophin Madame Blavatsky, ebenso wie die Mitglieder des *Golden Dawn*, aber auch Dichtung und Volksmund. Was suchten jene Namenlosen eigentlich? Den Heiligen Gral, dessen Identität bis heute ein kaum zu lösendes Geheimnis bleibt?

Die wahre Identität des Heiligen Grals

Dieser Gral könnte ein Kelch, eine Schale, ein Edelstein, ein Gefäß mit dem Blut Christi oder die Bundeslade der Israeliten sein, wie der Soziologe Graham Hancock behauptet. Oder ist er das Turiner Grabtuch, das zugleich beweist, daß Jesus die Kreuzigung überlebt hat, wie die Autoren Holger Kersten und Elmar Gruber vermuten?

Die Gralsromane des Mittelalters machen uns ebenso neugierig wie ratlos. Im ursprünglichen und unvollendeten Parzival-Text von Chrétien de Troyes aus dem Jahre 1182 wird an keiner Stelle ausdrücklich davon gesprochen, daß der Gral ein Becher oder eine Schale ist. Er gleicht eher einem Stein, genauer gesagt: einem Meteoriten. Ein Stein ist er auch bei Wolfram von Eschenbach.

Seltsamerweise bezeichnet das Wort »Gral«, aus dem altfranzösischen »Gradale« stammend, jedoch ein Gefäß, in dem wohlschmeckende Speisen dargereicht werden: »Der Gral aber ist eine weite, nicht allzu tiefe Servierschale, auf der kostbare Speisen bei reichen Leuten präsentiert werden, und zwar nach und nach (gradatim), also immer nur ein Bissen bei jedem der verschiedenen Gänge, und dieser Teller heißt gemeinhin Gral, weil er dem, der davon essen darf, angenehm und willkommen ist«, schreibt Helinand de Froidmont in seiner Chronik für das Jahr 718.[50]

Warum also gerade dieses Wort für etwas Übersinnliches, wenn es sich ursprünglich nur um eine Sitte oder um einen Teller oder Stein gehandelt haben soll? In Sir Thomas Malorys Roman *La Mort d'Arthur,* im 15. Jahrhundert verfaßt, wird der Gral als ein »goldenes Gefäß« beschrieben, in dem ein »Teil des heiligen Blutes unseres Herrn Jesus Christus« aufbewahrt wird. Und diese Vorstellung wird mittlerweile am meisten favorisiert, wenn es um die Identität des Heiligen Grals geht.

Der Überlieferung gemäß hat nämlich Joseph von Arimathia das Blut des gekreuzigten Christus unterm Kreuz in einem Gefäß aufgefangen. Dieses Gefäß wurde mit 144 Facetten aus einem grünen Smaragd gefertigt, den der Erzengel Michael im Kampf von der Stirne Luzifers abgeschlagen hat.

Die Kraft des Grals ist überwältigend. Sein hell strahlendes Licht ist für die Unreinen unerträglich, was ein Hinweis darauf sein könnte, daß er dem Suchenden nur nach einer langen Einweihungszeit erfahrbar wird – ein typisch katharisches Motiv. Der Gral ist ideengeschichtlich eng mit den Mythen von Gut und Böse verbunden: Das Licht kämpft gegen die Finsternis, die Seele gegen ihre Gefangenschaft in der Materie. Wer den Gral sucht, wird zugleich geführt durch das Wort im ersten Johannesbrief, dem sich auch die Katharer verpflichtet fühlten: »Liebet nicht die Welt und nicht, was in der Welt ist. Liebet einer die Welt, ist die Liebe des Vaters nicht in ihm.« (1 Joh 2,15)

Bereits die Katharer, besonders jene vom Montségur, welche sich Albigenser nannten, waren eng mit dem Gralsmythos verbunden. Die Templer, denen der Heilige Gral ebenfalls nicht gleichgültig war, könnten in der Tat die teilweise Fortführung katharischer Gedanken angestrebt haben, wie oft vermutet wurde. Denn die Templer galten mitunter als der weltliche Arm der »Reinen«. Wer aber sind dann die Gralssucher, wenn es nicht die Templer waren?

Ebenso wie später der Urstoff der Alchimisten wird der Gral nur mit den Waffen in der Hand errungen: mit Lanze und Schwert. Wie alt die Legende vom Heiligen Gral wirklich ist, ist kaum zu bestimmen. Der Kelch mit dem Blut Jesu und die blutbeschmierte Lanze des Hauptmanns Longinus, der damit Jesu Rippen durchbohrt hat, sollen auf abenteuerlichen Reisen bis nach England gelangt sein, wo sie ein legendärer Fischerkönig in einem geheimnisvollen Schloß verwahrt. (Dieser Fischerkönig soll im übrigen niemand anders sein als Johannes der Täufer, welcher der Gründer der Täufersekte der Mandaer gewesen sein soll. Den Mandaern soll wiederum der Vater Manis, dem persischen Weisen und Religionsstifter, angehört haben. Mani selbst glaubte ähnlich wie die Katharer, daß nicht der kosmische Christus am Kreuz gestorben war, sondern Jesus als dessen Stellvertreter. So fügt sich der Zirkelschluß gnostischer Vorstellungen zusammen!)

Im Jahre 718 findet sich der erste schriftliche Hinweis auf den Heiligen Gral in der bereits erwähnten Chronik des Heliandus. Später wird diese mit der Artussage verknüpft, in der von vielen Rittern die Rede war, die ihren Namen nicht nennen, oder ihre Wappen durch andere ersetzen, um die eigene Identität zu verbergen. Waren die Gralssucher also ein Geheimbund von Männern, die Waffen mit sich führten – ausgesandt von König Artus?

Doch nur einer, Galahad, unehelicher Sohn des Ritters Lanzelot vom See, war der Sage zufolge mutig und rein genug, um den Gral zu finden. Er sieht ihn schließlich nach vielen Gefahren und Abenteuern und stirbt. Die Suche nach dem Gral durch Berufene und Unberufene schildert eine in Symbolen verschlüsselte Folge von Einweihungen. Offensichtlich gab es eine im aufblühenden Christentum geheime Gruppe von Eingeweihten, die ihr profundes Wissen in Märchen und heilige Mysterien kleideten. In dieses Wissen fließen sicherlich Teile der druidischen Religion mit ein, aber auch Vorstellungen aus den Mithras-Mythen, die mit den römischen Legionären ins Land gekommen waren, ebenso wie katharische Elemente.

Die Geschichte vom Heiligen Gral wurde in den Romanen der Tafelrunde erzählt und vom 12. bis zum 14. Jahrhundert in fast allen westeuropäischen Sprachen übersetzt. Das Gralsrittertum fügt sich dabei fest in die westlichen esoterischen Traditionen.

Wir erfahren vom Gral in der Hauptsache durch Wolfram von Eschenbachs Dichtung. Im Gral selbst liegt alle Herrlichkeit des Paradieses. Aber es gibt auch eine Gralsträgerin – selbstverständlich die Jungfrau Maria –, durch die die Liebes- und Fruchtbarkeitsgöttinnen aus ältesten Zeiten wieder auferstehen. Wissenschaftliche Untersuchungen konnten aufzeigen, daß Gralsmythos und Marienverehrung eng miteinander verknüpft sind. Allerdings hat sich diese Verbindung erst im Laufe der Zeit ergeben. Anfangs ruhte der Gral in Händen der Gralskönigin Repanse de Schoye, ein Name, der soviel wie »Freude-

spenderin« bedeutet, wodurch die Nähe zu Maria schon ange-
deutet ist. Wolfram von Eschenbach bezieht sich immer wieder
auf einen geheimnisvollen Meister Kyot, der das Gralsgeheim-
nis im spanischen Toledo gefunden und ihm mitgeteilt haben
soll.

Die früheste Gralsdarstellung des Mittelalters

Tatsächlich gibt es in den katalonischen Pyrenäen auf dem
bergumschlossenen Plateau von Taüll seit dem 12. Jahrhundert
die kleine frühromanische Kirche von St. Climent. Hier befindet sich die vermutlich erste Gralsdarstellung des Mittelalters:
Die Jungfrau Maria blickt mit weit geöffneten Augen in sich
selbst hinein wie auch in weite Ferne, in ihrer Linken hält sie
eine Schale hoch, welche eine Fülle von Strahlen aussendet.

Das Bild ist sehr beeindruckend und wirkt zeitlos modern.
Das Gesicht der Madonna ist ungewöhnlich länglich und sieht
fremdartig aus. Die Gralsschale präsentiert sie auf einem in
langen Falten ihres prächtigen Mantels herabfließenden Stoff
von blaugrüner Farbe, was verblüffend an Eschenbachs »sma-
ragdgrüne Seide« erinnert. Die Gralsverheißung in Händen
der Heiligen Jungfrau: Die lebensspendende Fülle des Grals ist
eine archaische Vorstellung, wie sie die Menschen seit Urzeiten
den Muttergottheiten vorbehielten.

Nun stellt sich die Frage, ob sich der Gral nur auf diese archaische Vorstellung bezieht oder ob er nicht zugleich auch
theologischen wie politischen Sprengstoff in sich birgt?

Neben allen mystischen Vorstellungen, verbunden mit der
Gestalt der Urmutter, der lebensspendenden Allernährerin,
mit Marienverehrung, mit dem Geheimnis von Sexualität und
Liebe, könnte die Gralsgeschichte auch ein Hinweis auf das
Vorhandensein einer göttlichen Dynastie gewesen sein, die von

der Kirche und den Mächtigen beiseite gedrängt wurde; eine Dynastie des »reinen Bluts«, die letztlich über das Böse triumphieren wird. Diese Vorstellung nämlich verbindet sich mit der Hypothese, daß Jesus mit Maria Magdalena Kinder habe, die später das königliche Geschlecht der Merowinger begründeten. Mit aller Wahrscheinlichkeit haben die Katharer dies geglaubt, und Kirchen, wie die von Rennes-le-Chateau im Razès, die der Maria aus Magdala geweiht sind, belegen diesen Glauben. Zudem ist es höchst bedeutungsvoll und kann kaum Zufall sein, daß die spanische Kapelle mit der ersten abendländischen Gralsdarstellung nicht allzuweit vom katharischen Montségur entfernt liegt. Somit könnte man annehmen, daß die geheimnisvollen Gralssucher Ritter waren, welche sich zu einem Geheimbund zusammenschlossen, um den die römische Kirche erschütternden »Schatz« über die Jahrhunderte hinweg zu sichern und zu bewahren.

8. Templer

»Er sagte mir, im Generalkapitel gebe es eine so geheime Praxis, daß, falls das Unglück geschehen sollte und ich ihr Zeuge würde, die Mitglieder des Kapitels ohne Angst vor Strafe den Zeugen töten würden, ohne Rücksicht auf seinen Stand, und wenn es der König von Frankreich selbst wäre. Er bekannte mir, er besäße ein Büchlein mit den Statuten des Ordens, das er gerne zeigen würde, aber daß er ein anderes, geheimeres besäße, welches er für alles Gold der Welt niemandem zeigen würde.« (Aussage des Bruders von Gervais de Beauvais, dem Leiter des Tempels von Laon, bei seiner Vernehmung am 14. März 1310.)[51]

Im Gegensatz zu den kontemplativen Katharern waren die Templer Menschen der Tat und zugleich Hüter einer geheimen Tradition. Um den *Orden der Armen Männer Christi*, wie sie sich selbst nannten, ranken sich zahllose Mythen, Legenden und phantastische Geschichten. Noch immer wird vor allem in Frankreich (Templerburg Gisors) nach ihrem sagenhaften Schatz gesucht, denn die Templer hatten es zu ihrer Zeit verstanden, Geld anzuhäufen.

Mehr als durch seinen Reichtum ist dieser Orden vor allem durch ein ritterliches Ideal ausgezeichnet, nämlich die Verpflichtung, den Schwachen beizustehen sowie eine unverbrüchliche Treue zum christlichen Glauben. Häufig werden die Templer auch als die wahren Hüter des Grals und Bewahrer einer spirituellen Tradition angesehen – eine Aufgabe, die später die Freimaurer und Rosenkreuzer übernahmen.

Die Gründung des Ordens erfolgte im Jahre 1118, sein Untergang war mit der Verhaftung der Templer im Jahre 1307 besiegelt. Die Anfänge dieses besonderen Ordens liegen jedoch im gelobten Land.

Armut, Keuschheit, Gehorsam und der Kampf gegen Ungläubige

Unter den Kreuzrittern, die 1096 in Richtung Orient aufbrachen, befanden sich auch zwei Männer – Hugo de Payens und Gottfried de Saint-Omer – die später maßgeblich an der Gründung des Templerordens beteiligt waren. Die heilige Stadt Jerusalem wurde 1099 von den Kreuzrittern geplündert; Besitzungen wurden unter den Adeligen und Invasoren aufgeteilt. Hugo de Payens und Gottfried de Saint-Omer jedoch stellten sich in den Dienst, den Pilgerweg zum Grab Christi zu bewachen. Hierzu sollte ein besonderer Ritterorden ins Leben gerufen werden. Unter Balduin II., König von Jerusalem, wurde dieser Orden von den beiden Rittern 1118 ins Leben gerufen. Acht Gesinnungsgenossen legten mit ihnen im Zeichen des schwarz-weißen Banners das Gelübde ab: Armut, Keuschheit und Gehorsam. Hinzu kam als viertes Gelübde der Kampf gegen die Ungläubigen. Dies bedeutete in der Praxis unter anderem, daß die Templer den Schutz der Pilger gewährleisteten und zur Teilnahme an der Wiedereroberung des Grabes Christi aufgerufen waren.

Der Name »Templer« und der Schlachtruf »Beauseant«

Ihr Name »Templer« oder »Tempelritter« rührt daher, daß ihnen Balduin II. eine Unterkunft in der Nähe der Ruinen des salomonischen Tempels in Jerusalem zur Verfügung stellte. Es gibt Vermutungen wie die von Graham Hancock, der Orden habe in eben diesem Tempel verschiedene Schätze entdeckt; unter anderem auch die Bundeslade der Israeliten. Sie sei später auf Geheiß der Templer nach Aksum in Äthiopien gebracht worden, wo sie noch heute verehrt würde.

Die Tempelritter trugen weiße Mäntel mit einem roten Kreuz und ritten hinter einem schwarz-weißen Banner in die Schlacht, das sie als »Beauseant« bezeichneten. Dieses Wort wurde auch zu ihrem Schlachtruf. Das offizielle Siegel des Ordens zeigte zwei Reiter auf dem Rücken eines Pferdes, dies sollte als Zeichen der Brüderlichkeit und Armut ausgelegt werden, später wurde es jedoch als Symbol eines Teufelspaktes und der Homosexualität interpretiert.

Einweihung der Novizen

Die Einweihung der Ritter, die sich zumeist aus Adelsfamilien rekrutierten, fand in einem bewachten Stiftshaus statt. Während der geheimen nächtlichen Zeremonie in den Kellergewölben wurden die Neulinge gefragt, ob sie Frau und Familie, Schulden oder Krankheiten hätten oder irgendeinem anderen Herrn Treue und Gehorsam geschworen hätten. Es wurde erwartet, daß man jede Frage mit einem klaren Nein beantwortete. Danach kniete der Novize nieder und bat darum, »Diener und Sklave« des Tempels werden zu dürfen. Nachdem er das Gehorsamsgelübde geleistet hatte, wurde ihm der weiße Mantel mit dem roten Tatzenkreuz der Ritterschaft umgelegt. Es wurde an mehreren Stellen in den Prozeßakten behauptet, daß jene, die sich nicht dem Orden anschließen wollten, weil ihnen vielleicht plötzlich Zweifel an seiner Christlichkeit gekommen wären, das Tageslicht nicht wiedersahen. Beweise für solche Morde liegen jedoch nicht vor.

Mittelalterliche Großbankiers

Der rasche Aufstieg des neuen Ordens beschleunigte sich vor allem durch die Unterstützung eines charismatischen Kirchenmannes: Bernhard von Clairvaux (1091–1153). Im Jahre 1128 wurde mit seiner Hilfe auf der Synode von Troyes die Ordensregel festgelegt. Später erschien Bernhards Schrift *De laude novae militiae ad milites Templi* (Lob der neuen Ritterschaft), was dem Orden zum endgültigen Durchbruch verhalf und ihnen einen starken Zustrom sicherte. Von Anfang an gab es Sonderregeln für die Templer. Von der Abgabe des Zehnten wurden sie befreit, sie durften selbst teilweise den Zehnten erheben und fast immer die gesamte Kriegsbeute behalten. Viele Adelige überließen den Templern ihre Einkünfte oder belehnten den Orden mit Land. Ehrenstellen wurden an Tempelherren verliehen, und an vielen Orten in ganz Westeuropa gab es Stadthäuser und Burgen – insgesamt neuntausend –, obwohl der Hauptsitz nach wie vor Jerusalem blieb. Über zwanzigtausend Ritter konnte der Orden zu Beginn des 13. Jahrhunderts mobilisieren. Sein Einflußbereich hatte sich vom Mutterland Frankreich nach Deutschland, England, Spanien, Portugal, Italien, auf dem Balkan und selbstverständlich bis nach Palästina ausgebreitet.

Bei vielen wichtigen politischen Entscheidungen standen Templer mit in der ersten Reihe, und häufig genug war ihr Reichtum das Zünglein an der Waage. Mit der Zeit entwickelten sich die Templer sogar zu wahren Großfinanziers, obgleich sie persönlich zu einer asketischen Lebensweise und eher schlichten Kleidung verpflichtet waren.

Sie waren Erbauer von Kathedralen, Landwirte, Landverweser und Bankiers und vollbrachten erstaunliche Leistungen auf dem Gebiet der Architektur und der Bodenkultivierung. Spanische Kirchen, die von Templern errichtet worden waren, wiesen in ihrer Architektur eine wunderbare Synthese von gotischen und orientalischen Elementen auf.

»Die Templer waren Geldhändler großen Stils, regelrechte Finanziers, Vorläufer der italienischen Gesellschaften, die seit dem 14. Jahrhundert um sich griffen. Fast zwei Jahrhunderte lang hielten sie den überwiegenden Teil des europäischen Kapitals in ihren Händen. Aufgrund des Vertrauens, das sie genossen, waren sie Schatzmeister der Kirche, von Fürsten, Königen und Privatleuten.«[52]

Viele sehen heute in den Templern so etwas wie Katalysatoren, die den machtvollen mystischen Drang des mittelalterlichen Menschen zum Göttlichen kanalisieren sollten. Im Templerorden wurde somit auch das Ideal vom Aufstieg der Gesellschaft und der Menschheit und die Selbstverleugnung im Dienst am Nächsten sowie die Philosophie, die diese Tendenzen vereint und aus ihnen eine hermetische Lehre macht, verwirklicht.

Der Untergang der Tempelritter

Mit wachsendem Reichtum des Templerordens mehrten sich auch zwangsläufig Neider und Kritiker. Man warf den *Armen Männern Christi* unter anderem vor, durch den ständigen Einfluß vorderorientalisch-islamischer Geistesströmungen – beispielsweise des Sufismus – Züge entwickelt zu haben, die dem kirchlichen Standpunkt widersprachen. Mehr noch: Die Templer würden Gott leugnen, auf das Kreuz spucken, sich allerorten überaus selbstherrlich aufführen und sich insgeheim homosexuellen Lastern hingeben. In Frankreich, wo die Templer riesige Besitzungen unterhielten, blieben diese unerhörten Vorwürfe nicht ohne Folgen. In gewisser Weise kamen sie König Philipp dem Schönen gerade recht, da die reichen Templer schon immer seinen Neid erweckt hatten. So besaß der Orden eine Hochburg in Paris, den »Temple«, der 1809 abgetragen wurde und in dem Ludwig XVI. mit seiner Familie während der französischen Revolution 1792/93 gefangengesetzt worden war.

An einem Freitag, dem 13. Oktober 1307, befahl Philipp der Schöne eine großangelegte Verhaftungswelle gegen die Tempelritter. Die völlig überraschten Ordensbrüder setzten sich anscheinend nicht zur Wehr. Bis zum Abend lagen bereits fünfzehntausend Männer in Ketten. Der König hatte vor allem im Sinn, den mißliebigen Orden zu vernichten und sich dessen Besitztümer anzueignen, unter anderem auch den Pariser »Temple«. Die verwirrten Ordensritter wurden abgeführt, in den Kerker geworfen, später gefoltert, um Geständnisse zu erpressen: Man warf ihnen vor, sich gegenseitig auf Mund, Nabel und Gesäß zu küssen, gleichgeschlechtliche Beziehungen zu unterhalten und vor allem einen rätselhaften bärtigen Männerkopf – den sogenannten Baphomet – anzubeten.

»Je umfangreicher und tiefer wir die Sache verfolgen, desto schlimmere Greuel fanden wir«, rechtfertigt Philipp sein Handeln vor der Öffentlichkeit.[53]

Nach der Festnahme der Templer folgten jahrelange Verhöre, Geständnisse, Widerrufe und schließlich die Urteile. Die Angeklagten wurden auf dem Scheiterhaufen verbrannt. Auch Jacques de Molay, der Großmeister des Ordens, der sich anfangs noch unter sicherem Schutz von Papst Clemens V. gewähnt hatte. Dabei war Clemens V. einer der beiden Drahtzieher dieser Verfolgung gewesen. Nun löste er den Orden wegen Ketzerei, sittlicher Verfehlungen und Verschwendung von Kirchengeldern auf. Jacques de Molay wurde am 11. März 1314 auf der Pariser Seine-Insel in einer Nacht-und-Nebel-Aktion verbrannt. Auf dem Scheiterhaufen soll er König und Papst binnen Jahresfrist vor Gottes Richterstuhl geladen haben. Sein

Wunsch wurde erfüllt, denn Clemens V. und König Philipp starben schon wenige Monate später.

Baphomet und Kreuzesverachtung

Es hat den Anschein, als seien die Templer fast zwei Jahrhunderte lang nur Spielball von Kirche und Politik gewesen. Im Jahre 1244 ging Jerusalem unwiderruflich an die Muslime verloren. 1291 wurde der Hauptsitz des Ordens nach Zypern verlegt, nachdem die Festung Akkon durch die Sarazenen erobert worden war. Danach regierte in Palästina wieder der Halbmond, und viele Forscher glauben, daß danach der Orden von den Mächtigen in Europa einfach nicht mehr gebraucht wurde und daher nach Gründen gesucht wurde, ihn vollständig zu beseitigen.

Einer der Vorwürfe bezog sich auf die angebliche Anbetung eines seltsamen Götzen. Dieser »Abgott« soll Baffimet oder Baphomet geheißen haben, ein bärtiger Januskopf aus Gold und Silber, der zudem angeblich noch sprechen konnte. Die rätselhafte Figur sei ihr »Heiland« gewesen, der »alle Bäume erblühen und die Ernte reifen läßt«. Es wurde viel über den bärtigen Menschenkopf mit den zwei oder sogar drei Gesichtern spekuliert. Hat es ihn wirklich gegeben, oder ist er reine Erfindung? Idries Shah bringt seinen Namen mit »Abu-fihamat«, Vater des Wissens, in Zusammenhang, eine Bezeichnung, die im maurischen Spanien wie »Bufimat« ausgesprochen worden sei. »In sufischer Terminologie bedeutet ras elfahmat (Haupt der Erkenntnis) die geistige Tätigkeit des Menschen nach seiner Läuterung, das verwandelte Bewußtsein.«[54]

Somit wäre der Baphomet nicht ein Götzenbild, sondern das Symbol des vollendeten Initiierten.

Seltsamerweise haben nicht alle Templer von der Existenz

dieses geheimnisvollen »Kopfes« gewußt; nur der Großmeister und die älteren Mitglieder. Dies wird aus den Inquisitionsprotokollen deutlich. Die unteren Ränge des Ordens konnten nichts über die Identität des Baphomet aussagen. Merkwürdig ist, daß die sonst so um gnadenlose Aufklärung bemühten Inquisitoren in der Frage dieser Idolverehrung nicht weitergeforscht haben. Merkwürdig auch, daß im Zuge der Untersuchungen die Baphomet-Figur nie ans Licht kam. Offensichtlich wurde sie bis heute nicht gefunden. Die erpreßten Aussagen über diesen Januskopf bleiben ebenfalls rätselhaft. Einige vermuteten, es handelte sich dabei um den Kopf einer Jungfrau, andere hielten ihn für einen mit Edelsteinen besetzten Totenschädel. Wieder andere verglichen ihn vom Aussehen her mit einer Katze. An einer Templerkirche im spanischen Caracena ist Baphomet als Ungeheuer mit drei Gesichtern dargestellt – Verunglimpfung der heiligen Dreifaltigkeit oder Sinnbild für die Dreiteilung der Zeit?

Es gibt auch Aussagen, wonach der Kopf eine bläuliche Farbe und Flecken und einen geteilten Bart habe und vermutlich aus Knochen gefertigt sei. Hugo von Pairaud bekannte am 7. November 1307 bei seiner Befragung durch die Schergen des Königs, er habe den Kopf angebetet, der bei verschiedenen Gelegenheiten im Rahmen einer Zeremonie den Brüdern gezeigt worden sei, und daß dieser besagte Kopf vier Füße, zwei auf der Seite des Gesichts und zwei hinten, gehabt habe.

Zu der Gestalt des Baphomet gibt es zahlreiche Vermutungen. Die banalste These besagt, daß »Baphomet« einfach eine Verballhornung de Namens »Mohammed« sei. Andere Forscher kommen meiner Ansicht nach der Sache schon näher. So meint der Autor Gerhard Zacharias, daß der Templerorden in gewisser Hinsicht in die Tradition der sogenannten Männerbünde mit ihren Initiationsriten gehört [55], und somit auch außerchristliches und esoterisches Gedankengut in sich vereinigte, beispielsweise die Lehren der Sufis. Zacharias behauptet nun weiter, daß »der bärtige Männerkopf eine Verkörperung der dunklen, chtonischen Seite des ›Großen Männlichen‹, die, ebenso wie die entsprechende Seite des ›Großen Weiblichen‹, im Christentum weitgehend abgelehnt worden ist, verkörperte.«[56]

Wir wissen auch, daß die Einweihung in die Mysterien des Ordens in unterirdischen Räumen im schützenden Dunkel der Nacht stattfand. Dies entspräche dem Ritus der antiken Mysterienkulte, bei denen besonders der Aspekt des Unterirdischen betont wurde.

Turiner Grabtuch und Saint Graal

Holger Kersten und Elmar Gruber stellen in ihrem Buch *Das Jesus-Komplott* eine andere These dar. Ihrer Meinung nach haben die Templer, wenn auch auf mysteriöse Weise, in dem Idol das Haupt Jesu angebetet, »eines Jesus allerdings, der auf auffällige Weise von dem für das Christentum so bedeutsamen Kreuzestod weggerückt wurde.«[57]

Das würde auch die den Templern vorgeworfene Verachtung des Kreuzes erklären, die katharischen Ursprungs sein kann. Die Autoren glauben Belege beibringen zu können, wonach die Templer nicht einen Kopf aus Holz anbeteten, sondern das Antlitz Jesu auf dem Turiner Grabtuch: »Vielleicht ist dies der Hinweis darauf, daß die Templer in der Tat im Besitz des Grabtuchs waren. Wenn sie das Tuch tatsächlich hatten, so wurden vom Kopf Kopien und Standbilder angefertigt. Aber es ist denkbar, daß zu besonderen Anlässen das Original selbst hervorgeholt wurde. Möglicherweise hatte man eine Tafel errichtet in Lebensgröße eines Mannes und das Tuch darübergelegt, so daß, wenn man um die Tafel herumging, die Vorder- und

Rückseite eines aufrecht stehenden Mannes gesehen werden konnten. Auf diese Weise erschienen vorne, ›auf der Seite des Gesichts‹, wie Paraud explizierte, zwei Füße und hinten zwei! Von mehreren Brüdern hörten wir, daß das Idol zwei Gesichter gehabt habe, bzw. »doppelt« war. Mag sein, daß sich diese Bedeutung auf das zweifache Abbild auf dem Tuch bezieht, das in verschiedener Weise zur Darstellung gebracht wurde.«[58]

Für die beiden Autoren ist das Turiner Grabtuch im übrigen der Beweis, daß Jesus die Kreuzigung überlebt hat und daß dieses esoterische Geheimnis von den Katharern auf die Templer übergegangen sei. Diese hätten sich von falschen Symbolen wie dem Kreuz losgesagt und statt dessen Jesu Blut verehrt, das sich auf dem Turiner Grabtuch finden läßt.

Ich möchte hinzufügen, daß wir damit wieder beim Gralsgedanken – bei Saint Graal, dem »heiligen Blut« – angelangt sind und bei der These, daß Jesu Blut auf seine leibhaftigen Kinder übergegangen sei, mit denen schließlich das wahre Königstum auf Erden in Gestalt der Merowinger fortgesetzt wurde.

Bewiesen werden kann in dieser Frage wenig. Es gibt allerdings bruchstückhafte Aussagen von Templern, die uns nachdenklich stimmen können. So haben wir zum Beispiel die Aussage des Templers Bosco de Masualier vom 13. Mai 1310. Als dieser wissen wollte, warum am Tage der Aufnahme in den Orden der Gekreuzigte zu verleugnen sei, wurde ihm barsch geantwortet: »Geh zu deiner Suppe, sagte er mir. Man weiß nicht, wo man anfangen soll … Es handelt sich um einen Propheten ohne jegliche Macht … Es würde zu weit führen, dir das zu erzählen.«[59]

Die Katharer und vor ihnen die Bogomilen hielten den irdischen Jesu für einen Propheten und nicht für Gottes Sohn. Johannes von Cassanhas, Templer-Präzeptor von Noggarda, berichtet, daß das Aufnahmeritual unter anderem verkündigte: »Glaubt an Gott, der nicht gestorben ist und niemals sterben wird«, wodurch eindeutig klar wird, daß Jesu Kreuzestod im kirchlichen Sinne von zumindest einigen Templern geleugnet wurde.

Es ist jedoch anzunehmen, daß diese Häresie nur auf einen kleinen Teil der Führungsgruppe zutrifft. Denn dies hätte, wenn es bekannt geworden wäre, zu einer viel früheren Vernichtung des Ordens geführt. Außerdem verhielten sich die meisten Templer wie brave Katholiken. Mehr noch: Im Volke hielten sie das christliche Ideal der Nächstenliebe und der Suche nach Gott hoch. Sie waren für die breite Masse Vorbilder!

»Nicht uns, Herr, nicht uns, sondern deinem Namen gib Ehre!« lautete ihre Devise, und sie standen allenthalben bereit, für den christlichen Glauben ihr Leben zu lassen. Der Vorwurf, sie würden das Kreuz bespucken und einen Götzen anbeten, steht dazu in einem krassen Widerspruch. Holger Kersten und Elmar Gruber wollen ihn damit überbrücken, daß sie den »Jesus des Grabtuchs« anbeteten, ein Glaube, der dann frevelhaft ist, wenn dieser nicht den Auferstandenen, sondern den Überlebenden am Kreuz meint.

Die Tempelritter und die Bundeslade der Israeliten

Diese jüngste These verdient vor allem deshalb Beachtung, weil der Autor Graham Hancock sie mit viel Akribie und geschichtlichen Quellennachweisen zu beweisen suchte. Sie würde, wenn sie sich als richtig herausstellte, eine neues Licht auf die Geheimaktivitäten des Ordens werfen und auch auf dessen Untergang.

Wir erinnern uns: Im Jahre 1119 trafen neun Gründungsmitglieder des Templerordens in Jerusalem ein und besetzten die Stelle, an der einst der Tempel Salomons stand. Sie ließen sich vor allem dort nieder, weil sie laut Hancock vermuteten, die Bundeslade läge irgendwo im Tempelberg verborgen. Bemerkenswerterweise führten die neun Tempelritter, die ihrem Auftrag nach eigentlich die Pilgerstraße bewachen sollten, was aber aufgrund ihrer geringen Anzahl im Grunde unmöglich war, umfangreiche Ausgrabungen durch. Sieben Jahre lang legten sie ein ausgeklügeltes Tunnelsystem unter dem ehemaligen Tempelbezirk an. Doch sie wurden nicht fündig. Daraufhin kehrte Hugo von Payens nach Frankreich zurück.

Im Jahre 1128 erreichte Bernhard von Clairvaux auf der Synode von Troyes die offizielle Anerkennung des Ordens durch die Kirche, und der Orden erhielt erst ab diesem Zeitpunkt und vor allem durch Bernhard selbst eine Bestimmung in schriftlicher Form. Hancock glaubt, daß die Templer bei ihrer intensiven siebenjährigen Suche zwar nicht die Bundeslade gefunden hätten, dafür aber eventuell Schriftrollen, Manuskripte, Lehrsätze oder Pläne, die mit dem Tempel Salomons zusammenhingen. Mit ihnen gelangten die verloren geglaubten architektonischen Geheimnisse von Geometrie, Proportion, Ausgewogenheit und Harmonie wieder ans Licht, die schon von den Erbauern der Pyramiden eingesetzt worden waren. Und in der Tat haben sich die Templer als große Architekten hervorgetan. Wunderbare Gotteshäuser entstanden, deren Grundriß oftmals rund war. Auch bei militärischen Bauwerken zeichneten sich die Ritter aus. Ihren Burgen in Palästina lagen außerordentlich durchdachte Pläne zugrunde, so daß sie praktisch uneinnehmbar waren. Man hat festgestellt, daß die Fähigkeiten dieser Architekten und Baumeister des Ordens im Vergleich mit dem mittelalterlichen Standard unglaublich fortgeschritten waren.

Zugleich begann in jenen Jahren in Frankreich ein reger Bau von Gotteshäusern; darunter auch die Kathedrale von Chartres – das »steinerne Buch«. Die Einführung einer Reihe be-

achtlicher technischer Neuerungen, wie dem Kreuzrippenge-
wölbe, den Spitzbögen und Strebebögen, gab den gotischen
Baumeistern dieser Epoche neue Möglichkeiten ihren komplexen religiösen Vorstellungen durch geometrische Perfek-
tion Ausdruck zu verleihen. Graham Hancock versuchte zu beweisen, daß es eine Art »Tauschgeschäft« zwischen Hugo de
Payens und Bernhard von Clairvaux gegeben haben könnte.
Der Orden war bereits neun Jahre alt und bestand nach wie vor
nur aus wenigen Mitgliedern, weil diese nichts anderes im Sinn
gehabt hatten, als in Jerusalem nach der Bundeslade zu suchen.
Im Jahre 1128 kam es deshalb zu einer Identitätskrise, da die
Suche ergebnislos geblieben war. Was sollte aus dem Orden
werden? Hugo de Payens hatte eine Idee: Bernhard von Clairvaux erhielt die theoretischen Voraussetzungen, Geheimlehren
antiker Baumeister, die die Templer entdeckt hatten, um damit
in der sakralen Bauweise eine neue und entscheidende Phase
einzuleiten, und im Gegenzug erhielt der Templerorden den
kirchlichen Segen. Historiker konnten bisher keine ausreichende Erklärung für das plötzliche, konzentrierte Auftauchen
gotischer Architektur im Frankreich des 12. Jahrhunderts finden. Hancocks These stellt möglicherweise eine Antwort dar.

Doch Hancock will noch mehr beweisen. Vor allem, daß die
Templer die Bundeslade suchten, daß sie Kontakt nach Äthiopien hatten und sogar dort waren. Denn nach Hancock wurde
die Bundeslade von Jerusalem nach Äthiopien geschafft, und
zwar während der Regierungszeit König Salomons. Aus Äthiopien sei nämlich, so der Autor, einst die Königin von Saba nach
Israel gereist und habe vom König Salomo einen Sohn empfangen. Dieser Sohn mit Namen Menelek, sei der Begründer
der äthiopischen Königsdynastie gewesen, die mit dem Tod von
Haile Selassie im Jahre 1974 zu Ende ging. Eben dieser König
Menelek habe die Bundeslade nach dem Tod seines Vaters aus
Israel abgeholt.

Es ist kaum faßbar, aber die Darstellung dieser historischen Tat findet sich am Nordportal der Kathedrale von Chartres. Wie kam sie dahin? fragte sich Graham Hancock zu Recht und erfuhr, daß dieses Nordportal um 1200 erbaut worden ist. Zur Zeit der Templer also, wobei die Kathedrale in der Provinz Champagne liegt, aus der auch Hugo von Payens stammte. Und Hancock suchte nach weiteren Indizien für seine These. Dabei stieß er auf einige kleine Sensationen.

Er entdeckte in Äthiopien aufregende Bauwerke – Kirchen – die von Templern scheinbar als Ganzes aus dem sie umgebenden Felsplateau herausgeschnitten worden waren. Es handelt sich dabei um elf Felsenkirchen, die die UNESCO sogar unter die Weltwunder einordnet, weil sie architektonisch so ausgereift sind. Sie alle zieren das Kreuz der Tempelritter – mehr noch: Viele von ihnen ähneln vom Grundriß her einem Kreuz.

Hancock stieß bei seinen Nachforschungen auf einen Text, in dem beschrieben wird, daß im Jahre 1306 eine hochrangige äthiopische Delegation den Papst in Avignon besuchte – nur ein Jahr vor der Verhaftungswelle. Es gibt keinen Hinweis darauf, worüber die dreißig Äthiopier, die von ihrem König Wedem Ara'ad ausgesandt worden waren, mit Papst Clemens V. gesprochen haben. Graham Hancock nimmt jedoch an, daß es sich nur um die Bundeslade gehandelt haben kann, die sich bis zum heutigen Tag in einem Tempel in Aksum befinden soll. Für ihn besteht auch kein Zweifel daran, daß die Lade Gottes zugleich der Heilige Gral ist, und er fand in Wolfram von Eschenbachs *Parzival* zahlreiche Belege dafür. Die Gralssucher waren also Tempelritter, die sich auf die Suche nach der Bundeslade gemacht hatten und im ostafrikanischen Aksum fündig geworden waren. Hancock liefert handfeste Beweise: Auf vielen alten Steinen in Aksum sieht man noch heute das Zeichen des Templerordens: das Croix patée, auch »Tatzenkreuz« genannt.

Die Delegation aus Äthiopien hatte folglich den Zweck, den Papst davon in Kenntnis zu setzen, daß die Templer, die sich in ihrem Lande aufhielten, diese heilige Reliquie stehlen wollten, um sie nach Europa zu schaffen. Vermutlich baten sie den Papst, den Orden daran zu hindern. Und Clemens V. könnte, falls es sich so zugetragen hat, überlegt haben, daß ein solch wichtiger und mächtiger Schrein im Besitz der Templer angesichts des tiefen Aberglaubens, der die Vorstellungskraft des Volkes zu dieser Zeit prägte, diese binnen kurzem in eine Position versetzen könne, in der die Templer die weltliche und geistige Macht des Abendlandes hätten erschüttern können. Es gibt Beweise dafür, daß der Papst bereits ein Jahr vor der Verhaftungswelle gegen den Orden mit Vorbereitungen für seine Operation begonnen hatte. Unter Umständen hat die Einflußnahme der äthiopischen Delegation den Schlag gegen die Templer, die dem Papst wie dem König schon länger ein Dorn im Auge waren, noch beschleunigt.

Die »Nachfolger« des Templerordens

»Der Gralsorden hat sich mit dem Templerorden identifiziert, der ihn wie eine äußere, schützende Borke umgibt. Und da man im Gralstempel auch den Tempel des Heiligen Geistes der Rosenkreuzer wiedererkennt, ergibt sich klar die Einheit aller Traditionen«, schreibt der Franzose Raymond Bernard.[60]

Ob diese Einheit der Traditionen so eindeutig ist, bleibt dahingestellt. Tatsache ist, daß nicht alle Tempelherren zum Tode verurteilt wurden. In Portugal wurden sie von den Vorwürfen freigesprochen und kamen folglich nicht ums Leben. 1318 benannten sich die portugiesischen Tempelritter einfach um: Aus ihnen wurde der Christusorden, dem Papst Johannes XXII. sogar seinen Segen gab. Großmeister dieses Christusordens waren unter anderem zwei berühmte Seefahrer: Heinrich der Seefahrer und Vasco da Gama. Beide interessierten sich im übrigen auffällig für Äthiopien, das damals auch das »Reich des Priesters Johannes« genannt wurde.

Die Mehrzahl der Templer jedoch tauchte in Klöstern unter oder bei befreundeten Landesfürsten. Einige Autoren wie Charles von Bokor und Paul Naudon vermuten gar, daß geflohene Tempelherren sich auf der schottischen Insel Mull getroffen hätten, um den Orden neu zu gründen. Dabei hätten sie diesen unter den Schutz der Bauhandwerkerzünfte gestellt, womit eine direkte Nähe und Bezug zu den Freimaurern hergestellt wäre. Niemand wird leugnen, daß die Tempelherren in der Entstehung der Freimaurerei eine wichtige Rolle gespielt haben. Äußerst fragwürdig ist allerdings, ob die Freimaurer eine Wiederbelebung des Templerordens in anderer Gestalt darstellten. Unbestreitbar ist auch, daß bestimmte geistige Inhalte, die man den Templern nachsagt, bei den Rosenkreuzern wieder auftauchten.

Da nicht alle Tempelherren getötet worden waren, beanspruchten zahlreiche neuzeitliche Templerorden eine »Liste der geheimen Meister« für sich. Diese Liste soll die Zeit zwischen dem 14. Jahrhundert bis zur Gegenwart überbrücken.

Immer wieder gab es Versuche, den Templerorden neu zu beleben. Mitte des 18. Jahrhunderts schuf der deutsche Baron von Hund, der an den Mythos der Tempelherren von Mull glaubte, das freimaurerische System der *Strikten Observanz,* das auf einer Reaktivierung von Idealen des Templerordens basierte. Aber schon 1792 kam das Ende für diesen Neo-Templerorden, der der Freimaurerei eine Zeitlang ein romantisch-ritterliches Moment hinzugefügt hatte.

Ordo Templi Orientis (O.T.O.)

Dieser bis heute berühmteste neutemplerische Geheimorden wurde von dem Wiener Fabrikanten Carl Keller im Jahre 1896, vielleicht aber auch erst 1904, ins Leben gerufen. Im *Ordo Templi Orientis* soll das okkulte Wissen der Rosenkreuzer, der Theosophen und der mittelalterlichen Templer fortgesetzt werden. Kellner selbst war auf einer Indienreise in tantrische Yoga-Praktiken eingeweiht worden. Der Anthroposoph Rudolf Steiner und der englische Okkultist Aleister Crowley werden ebenfalls mit dem *O.T.O.* in Verbindung gebracht. Letzterer wurde im Jahre 1922 sogar Leiter des Gesamtordens, der nicht nur in Deutschland, sondern auch in England und in den USA Zweige unterhält.

Ordre Rénové du Temple (O.R.T.)

Auch dieser Orden sieht sich in der ursprünglichen Nachfolge der Tempelherren. Der *Ordre Rénové du Temple* ist noch relativ jung, denn er wurde erst am 23. September 1963 in der Krypta von Chartres gegründet. Gleichzeitig erhielt an diesem Tag der erste Großmeister des Ordens seine Investitur. Im Unterschied zum Templerorden des Mittelalters ist der *O.R.T.* keiner bestimmten Religion verpflichtet. Vielmehr will er die von der Kirche geleugnete esoterische Tradition als Grundlage für das Christentum fortführen, um dieses dadurch zu erneuern.

»Durch seine Gnosis wird das Christentum zum Inhaber göttlicher Tradition«, heißt es in einer vom *O.R.T.* verbreiteten Werbeschrift.[61] Für die neuen Tempelherren ist Christus jener »Punkt«, in dem sich die gesamte von Atlantis, Ägypten, Griechenland, Palästina, Druidentum und Christentum stammende Tradition sublimiert.

Free Templer Orden (FTO)

Seit 1974 tritt der *Free Templer Orden (FTO)* an die Öffentlichkeit, der in den USA als »free church« unter dem Namen *Free Temple Church* auftritt. Dieser Orden beansprucht für sich ebenfalls eine unmittelbare Sukzessionskette zu den alten Templern, und zwar zu jenen, die »einst gen Amerika fuhren«. Damit ist wohl jene Flotte der Templer gemeint, die am Morgen des 13. Oktober 1307 aus dem Hafen von La Rochelle segelte, und nie wieder gesehen wurde.

Weltweit soll der Orden viertausend Mitglieder zählen und ein »Fürstentum Castellania« besitzen, das 1974 von dem Oberhaupt des Ordens Ralph I. (Otto Hübner aus Preßbaum) in Budapest gegründet worden ist.

Abschließend sollen hier Auszüge aus dem Auftrag eines der vielen Templerorden erwähnt werden. Der französische *Ordre Souverain du Temple Solaire* (Höchster Orden vom Sonnentempel) sieht seine Aufgabe unter anderem darin:

1. Die exakte Auffassung von Autorität und Kraft in der Welt wiederherzustellen;
2. Den Vorrang des Geistigen vor dem Vergänglichen zu betonen;
3. Der Menschheit bei ihrem Schicksalsweg zu helfen;
4. Zur Einheit der Kirchen beizutragen; für die Verbindung Christentum–Islam zu wirken;
5. Die ruhmreiche Rückkehr Christi im Sonnenglanz vorzubereiten.

9. Rosenkreuzer

»Wir, die Abgesandten vom Großen Kollegium der Brüderschaft vom Rosenkranz, halten uns durch die Gnade des Allerhöchsten, dem die Herzen der Gerechten zugewandt sind, sichtbar und unsichtbar in dieser Stadt auf. Wir lehren und zeigen ohne Bücher oder Masken, wie wir die Sprache eines jeden Landes sprechen können, in dem wir zu sein wünschen, um unsere Mitmenschen dem Irrtum des Todes zu entreißen.«[62]

Diese und ähnliche Botschaften tauchten im August 1623 auf verschiedenen Plakaten in Paris auf. All denjenigen, die sich der Gemeinschaft der Rosenkreuzer anschlossen, wurde universaler Friede und Weisheit verheißen. Das vollkommene Wissen des Allerhöchsten sollten sie gelehrt werden. Merkwürdigerweise enthielten die Plakate keinerlei Kontaktadressen. Die Rosenkreuzer deuteten vielmehr an, daß sie den »Weizen von der Spreu« schon zu trennen wüßten und zu gegebener Zeit mit jenen, die ihnen würdig erscheinen, sprechen würden.

Seltsame Aufrufe, die verständlicherweise für einige Unruhe sorgten. Vor allem, weil die geheimnisvollen Rosenkreuzer auch in Italien, Deutschland, den Niederlanden und England auftauchten. Aber niemand konnte Näheres über sie sagen. Keiner kannte sie oder hatte je einen von ihnen gesehen. Dennoch waren die Menschen im kriegszerrissenen Europa zu Beginn des 17. Jahrhunderts empfänglich für die Ideen des Geheimbundes der Rosenkreuzer: Naturwissenschaft und Christentum in einer kühnen Synthese zu vereinigen, um damit Europa einer besseren und demokratischeren Zeit zuzuführen – gewagte Ideen, die schon bald begierig von Autoren aufgesogen und in Büchern weiterverbreitet wurden.

Wenige Jahre zuvor waren zunächst in Deutschland zwei Schriften erschienen: 1614 die *Fama Fraternatis* und 1616 die *Chymische Hochzeit Christiani Rosencreutz. Anno 1459.*

In der *Fama* wurden in einem satirischen Ton die Politik und das geistige Klima des Landes gegeißelt und eine Umgestaltung der Sitten gefordert. Von einer Erneuerung der Kirche war ohnehin landauf, landab zu hören und daß die christliche Religion zu einer größeren Reinheit zurückfinden müßte. Die von den anonymen Rosenkreuzern vorgeschlagene Reform der geistigen, sittlichen und politischen Welt sprach folglich vielen Menschen in Europa aus dem Herzen, wenn auch einige wenige hämische Pamphlete gegen die Rosenkreuzer druckten.

Aber wer steckte hinter diesem Geheimorden? Und wer, vor allem, war Christian Rosenkreuz?

Christian Rosenkreuz

Über Geburt und die recht seltsamen Umstände des Todes von Christian Rosenkreuz erfahren wir in der *Chymischen Hochzeit.* Das Leben dieses ungewöhnlichen Mannes weist deutlich Züge einer Existenz auf, der es ausschließlich um esoterisches Wissen geht. Der geheimnisvolle Gründer des nach ihm benannten Ordens soll aus einer deutschen Familie stammen und 1378 geboren worden sein. Schon recht früh habe all sein Streben allein der Suche nach Wahrheit gegolten. Diese habe er vor allem auf ausgedehnten Reisen durch Marokko, Spanien, Ägypten und die arabischen Ländern zu erlangen gesucht. Wirklich fündig geworden sei er aber erst in den Geheimwissenschaften des Orients, die sich ja vom alten Ägypten und dem Gott Thoth herleiteten. Erst da sei ihm durch ein intensives Studiun uralter Texte und esoterischer Wissenschaften wahre Erkenntnis und Wissen

zuteil geworden. Mit dieser ausgerüstet, habe sich Christian Rosenkreuz darangemacht eine »universelle harmonische Wissenschaft« wiederzubeleben, die es ihm gestattete, Europa religiös,
politisch, wissenschaftlich und künstlerisch zu erwecken.
Grundlage hierzu sei ein Buch gewesen, das ihm arabische Meister geschenkt hätten: Das »Buch der Welt«. In ihm wären alle
Geheimnisse des Universums offengelegt. Sie hätten ihm unter
anderem auch ein langes Leben ermöglicht, denn erst mit 106
Jahren sei Christian Rosenkreuz gestorben. Vorher habe er sein
eigenes Grab in einer Art »Zeit-Krypta« vorbereitet. Dieses
Grab sollte 120 Jahre nach seinem Tod entdeckt werden, ganz so,
wie es der Meister vorausgesagt hatte.

Den unverwesten Körper des wahrheitssuchenden Gelehrten soll man unter einer starken Messingplatte in eben dieser
Krypta aufgefunden haben. Auf dem Altar in der Mitte des
Raumes stand folgende Inschrift in Marmor gemeißelt: »Hoc
universum vivus mihi sepchulchrum feci« (Zu Lebzeiten habe
ich mir dieses Kompendium des Universums als Grab bereitet).

Man las aber auch: »Aus Gott werden wir geboren. In Jesus
sterben wir. Durch den Geist werden wir wiedergeboren«. [63]

Was lehren die Rosenkreuzer?

Man mag zu Recht bezweifeln, ob Christian Rosenkreuz wirklich gelebt hat. Viele, die sich mit ihm und seiner Lehre beschäftigt haben, vermuten, daß seine Existenz rein symbolisch
zu verstehen ist. Die ganze Art und Weise, in der über ihn geschrieben wird, legt nahe, daß Lebensumstände, Tod und die
Auffindung seines Grabes zum rituellen Einweihungsweg des
Rosenkreuzers gehören. Auch konnte man sehr schnell beweisen, daß der württembergische Pastor Johann Valentin Andreae (1586 – 1654) Verfasser der oben erwähnten Schriften

gewesen war. Seine Bücher selbst lösten unmittelbar vor dem Dreißigjährigen Krieg eine literarische Lawine aus. Unzählige Kommentare wurden geschrieben, worin die Verfasser ständig neue Vermutungen über die geheimnisvollen Rosenkreuzer und ihre wahren Absichten anstellten.

In den Büchern des württembergischen Pastors, der selbst Anhänger des großen Paracelsus (1493–1541) war, geht es vorrangig um ein Christentum ohne die Dominanz Roms, um eine nicht allzu dichte Anlehnung an den Protestantismus und um die Suche nach der Einheit von gläubiger Ergriffenheit und humaner Weltschau. In letzterer bilden Intuition und Emotion eine fruchtbare Einheit. Westliche Mystik, so beschreiben es die Rosenkreuzer, ist eine Wissenschaft, durch die sich bestimmte magische Techniken erwerben lassen. Damit bekennen sie sich zur Weißen Magie. Diese wird ausschließlich angewendet, um die Fähigkeiten des eigenen Körpers besser zu nutzen, um ihn gegen Krankeit und vorzeitige Alterung zu stählen. Im Gegensatz zu den Katharern, die den Körper verachteten, gilt er den Rosenkreuzern als Tempel der Seele. Zwar überschätzen sie das »materielle Behältnis« zugunsten des Geistes keineswegs, erkennen aber auch deutlich die Zusammenhänge, die man heutzutage als psychosomatische bezeichnet. Deshalb soll die Mystik, wie sie die Rosenkreuzer lehren, Methoden liefern, den Körper leistungsfähig zu halten. Eine ausgewogene und gesunde Ernährung, sowie das Ablegen von Gewohnheiten, die für den Organismus schädlich sind, gehören mit zu den praktizierten Methoden.

Vieles davon scheint den Geheimlehren des Ostens entlehnt. So auch das Aktivieren psychischer Zentren, Chakras genannt. Sieben an der Zahl spielen sie eine gewichtige Rolle, um die sogenannte Kundalini am unteren Ende der Wirbelsäule zu erwecken. Ihre schlangenförmige Kraft steigt entlang der Wirbelsäule hoch und löst im Scheitel-Chakra den Samadhi-Zustand (höchster Bewußtseinszustand) aus. Durch ihn wird der Schüler zum Meister und erst im Samadhi-Zustand kann dieser Kräfte erzeugen, die ihn zur wirklichen Meisterung seines Lebens befähigen.

Die Rosenkreuzer leben und denken wie weiße Magier. Deshalb glauben sie auch, daß die erhaltene Macht nur im Sinne des Guten angewandt werden kann. Jede negative Ausrichtung wende sich letztlich gegen ihren Erzeuger.

Spirituelle Alchimie

Dieser Begriff beschreibt treffend den geistigen Weg und das Ziel des Rosenkreuzers. Nicht von ungefähr wählte Andreae das Symbol von »Kreuz und Rose« für seine Lehre. So steht die dornige Rose für den Stein der Weisen, der den Urstoff aller Dinge enthält. Das christliche Kreuz für den Schmelztiegel, in dem die Rose stirbt, um gereinigt, durchgeistigt und verwandelt wiederaufzustehen.

Man kann dies auch als Re-Inkarnation in Gott bezeichnen, wobei die in ekstatischen Visionen erfahrene spirituelle Erlösung in die »dunkle Materie«, also in die physische Ebene eingebracht wird. Die »dunkle Materie« ist zugleich die verdrängte Schattenseite des Menschen, die er an sich selbst als solche zu akzeptieren lernen muß. Darin liegt wahre Selbsterkenntnis. Sie ist zugleich die Bereitung des »Großen Werkes«, das Ziel richtig verstandener Alchimie, die nichts mit gemeiner Umwandlung von Blei in Gold zu tun hat.

Der Rosenkreuzer macht sich folglich selbst zum Weg. Dabei strebt er eine Umwandlung seiner selbst in eine göttliche und damit unvergängliche Substanz an. Methodisch gesehen, geht es hierbei um einen innerpsychischen Prozeß, auch wenn die Geheim- und Symbolsprache der Alchimisten für die Beschreibung des »chemischen« Verfahrens eher das Gegenteil nahelegt. »Erkenne dich selbst, dann erkennst du Gott« ist der Leitgedanke der spirituellen Alchimie wie jeglicher Gnosis. Der Weg der rosenkreuzerischen Einweihung hat sehr viel von beidem entlehnt. Es ist ein mühsamer und vor allem langsamer Weg, der in einer Bewußtwerdung der eigenen inneren Wahrheiten und des Lebens besteht. Innere Freiheit entsteht nur, wenn man sich von allem löst, bekennt der Rosenkreuzer und praktiziert in diesem Sinne die Transmutation des Geistes hin zur Vollendung in Gott.

Berühmte Rosenkreuzer

Francis Bacon, René Descartes und Isaac Newton zählten sich zu ihnen. Für die geistesgeschichtliche Entwicklung des Rosenkreuzer-Gedankens müssen vor allem der Engländer Robert Fludd (1574 – 1637) und Jan Amos Comenius (1592 – 1670) erwähnt werden. Fludd, Naturphilosoph und Arzt, schrieb zwei bedeutende alchimistische Werke: *Das Höchste Gut* und *Die musische Philosophie*. Er gilt als vehementer Verteidiger der Rosenkreuzer, die wiederum seine Schriften als Beweis für die uralte geheime Bruderschaft der Rosenkreuzer anführten. Nach Fludds Ansicht ist die ganze Welt nach den Gesetzen der Musik aufgebaut. Zugleich diente ihm die Kabballa als Quelle weitreichender Spekulationen über Gott, Mensch und Natur. Zwischen Gott und der Welt steht seiner Ansicht nach die Weltseele (anima mundi).

Der Tscheche Jan Amos Comenius gehört mit zu den Wegbereitern der Freimaurerei. Seine Vorstellungen fanden ihren Ausdruck in dem Konstitutionenbuch der Freimaurerei von 1723.

Zugleich fühlte er sich dem rosenkreuzerischem Geist verpflichtet. In Comenius Werk rückt der Gedanke der Pansophie stark in den Vordergund. Wie auch Jakob Böhme sehen beide Esoteriker das Ziel allen Denkens in der Vereinigung von irdischem Wissen und Gottes unendlicher Weisheit. Alchimie, Magie und Astrologie bilden bei Comenius die unverrückbaren Säulen dieser neuen Wissenschaft.

Moderne Rosenkreuzer-Orden

Auch heute gibt es mehrere Rosenkreuzer-Orden, die wohl einiges von der ursprünglichen Kraft und vom Wissen verloren haben. Das ursprüngliche Rosenkreuzertum konnte sich noch etwa bis in die zweite Hälfte des 18. Jahrhunderts behaupten. Zeitweise wurde sogar der legendäre Graf von Saint-Germain – »der Mann, der niemals stirbt und alles weiß« – mit den Rosenkreuzern in Verbindung gebracht. Aber am Ende des 18. Jahrhunderts verschwand der ursprüngliche Orden allmählich von der Bildfläche.

Um 1780 gründete der Baron Hans Heinrich von Ecker und Eckhoffen in Amsterdam einen Geheimbund, der sich *Asiatische Brüder vom Rosenkreuz* nannte. In diesem versammelten sich neben Juden und Christen auch Türken, Perser und Armenier. Die *Asiatischen Brüder* beschäftigten sich vor allem mit magischen und alchimistischen Praktiken: mit der Umwandlung edler Materialien in Gold, mit Spiritualismus und hierbei vor allem mit den sogenannten Elementargeistern – den Sylphen der Luft, den Undinen des Wassers, den Gnomen der Erde und den Salamandern des Feuers.

Ihre Eingeweihten hatten zuvor neun Grade zu durchlaufen: Junior, Theoreticus, Practicus, Philosophus, Minor, Major, Adeptus exemptus, Magister und Majus. Es ist anzunehmen, daß auf jeder Stufe – wie in solchen Bünden üblich – neue Geheimnisse offenbart wurden. Der Orden ging wenige Jahre später an der Geldgier der meisten seiner Oberen zugrunde, die ihn zum Zwecke der Selbstbereicherung betrieben hatten – wie ein ehemaliges Mitglied, Magister Pianco, in einer Schrift darlegte. Er beschrieb den gewalttätigen und rohen »Majus« als eine Kreuzung zwischen Mensch und Tier«, mit dem sich kein ehrlicher Christ habe auseinandersetzen können, ohne befürchten zu müssen, bei lebendigem Leibe gehäutet zu werden.

Max Heindels Rosenkreuzergemeinschaft (RG)

Erst im 20. Jahrhundert lebten die totgesagten Ideen des Ordens wieder auf. 1909 gründete der Theosoph Max Heindel in den USA die *Rosenkreuzergemeinschaft (RG)*. Der Hauptsitz des Ordens war Oceanside südlich von Los Angeles. Zunächst verfaßte Heindel ein Buch, *Die Weltanschauung der Rosenkreuzer*, in dem er sämtliche Geheimnisse darlegte, die er erfahren hatte. Anschließend begab er sich auf Mitgliedersuche. Der Genuß von Tabak, Alkohol und Fleisch war in dieser Gemeinschaft verboten. Reinkarnationsglaube und die Existenz von Geisthelfern standen bei diesen Rosenkreuzern inhaltlich am stärksten im Vordergrund. 1936 wurde Heindels Organisation in den USA verboten. 1945 trat sie in der Bundesrepublik in Erscheinung und besteht bis heute, obwohl sie auffällig wenig öffentlich in Erscheinung tritt.

Ancient and Mystical Order Rosae Crucis (AMORC)

Die dauerhafteste Neugründung ist jedoch der *Ancient and Mystical Order Rosae Crucis* oder kurz *AMORC* im kalifornischen San José. Der Orden unterhält in Deutschland eine Niederlassung in Baden-Baden, von wo aus Lehrbriefe mit esoterischem Wissen verschickt werden. Ihre Wurzeln sehen diese neuen Rosenkreuzer bei einer Gemeinschaft deutscher Mystiker, die sich 1693, auf der Suche nach dem »Lebenselexier«, in Philadelphia im heutigen Stadtteil Germantown niedergelassen hatten. Im Jahre 1801 ging diese esoterische Gruppe auseinander, um sich dem von den Rosenkreuzern offenbarten Zyklus von 108 Jahren der Ruhe und des Abwartens zu widmen. Im Jahre 1909 war der Zeitpunkt gekommen, eine neue Organisation ins Leben zu rufen.

Neue Bünde bedürfen eines legitimierten Oberhauptes, das nachweisen kann, ein Eingeweihter zu sein. H. Spencer Lewis, Okkultist und Werbefachmann, behauptete von französischen Adepten diesen Grad der Vollkommenheit verliehen bekommen zu haben. 1915 veröffentlichte er ein Dokument, in das er die alten Rosenkreuzerlehren aufgenommen hatte. Als angeblich einzig wahrem Rosenkreuzerorden auf amerikanischem Boden stand *AMORC* nichts mehr im Weg, erfolgreich Anhänger zu werben. Ziel des Neo-Rosenkreuzerordens war die Entfaltung der latent im Menschen vorhandenen magischen Fähigkeiten. Auf sozialer Ebene träumte der Gründer davon, eine menschliche Gemeinschaft zu schaffen, die über alle Religionen oder Rassen hinausgeht. Des weiteren sollte die Weltpolitik positiv beeinflußt werden.

Daß dies schwieriger ist, als unedle Metalle in Gold zu verwandeln, wurde am 22. Juni 1916 offenbar. In Anwesenheit eines Reporters der *New York World* und im Beisein von 27 Ordensmitgliedern verwandelte Lewis innerhalb von 16 Minuten mit Erfolg Zink in Gold. So jedenfalls will es eine anschließende chemische Untersuchung bestätigt haben.

Nachdem Lewis 1939 verstorben war, übernahm sein Sohn Ralph die Fortführung des väterlichen Werkes und legte sich den Titel »Oberste Autokratische Autorität, Imperator Nord-,

Mittel- und Südamerikas, des Britischen Commonwealth und des Empire, der Schweiz, Schwedens und Afrikas« zu.

Zwölf Grade gilt es bei *AMORC* zu erlangen, damit die eigene Persönlichkeit voll entwickelt ist. Willenskraft und Gedächtnisfähigkeit sollen ebenfalls verbessert werden. Interessanterweise nennen sich die Mitglieder des zehnten Grades »*Illuminaten*«, obwohl die modernen Rosenkreuzer mit dem gleichnamigen Geheimbund stark verfeindet sind.

Nach Ralph Lewis Tod im Jahre 1987 übernahm sein Protegé Gary Steward die Führung und vergrößerte die Mitgliederzahl der Organisation. Berichten zufolge hat *AMORC* heutzutage rund sechzigtausend Mitglieder in hundert amerikanischen und 26 angegliederten Logen. Nach wie vor ist ihr Hauptsitz San José, in dem sie einen ganzen Stadtteil auch architektonisch nach ihren Ideen gestaltet haben: Gebäude mit altägyptischen Motiven, ein Wissenschaftsmuseum mit babylonischen Kunstschätzen, ein Planetarium, Gebäudekomplexe mit Seminarräumen und Laboratorien. Studiert werden können hier vor allem Physik, Chemie, Biologie und Parapsychologie.

Lectorium Rosicrucianum (LR)

Kurze Erwähnung finden soll hier auch die Internationale Schule des Rosenkreuzes *LR*, die 1925 von Jan von Rijckenborgh in Haarlem, Niederlande, gegründet worden ist. Theosophie und Gnostizismus bildeten die Grundlage dieses Ordens. Nach Ansicht von van Rijckenborgh, der behauptete, durch eine jenseitige Lichtbruderschaft mit medialen Fähigkeiten ausgestattet worden zu sein, muß der Mensch bei seiner irdischen Wanderung Billionen von Wiedergeburten durchlaufen. Aus diesem Grund müsse der physische Körper umgewandelt werden, auf daß die Reinkarnationen zu Ende gingen. Die

Struktur könne sich verändern, wenn das »Geistfunkenatom«, das in der rechten Herzkammer schlummere, zum Leben erweckt werde. Die Lichtkraft, die dabei entstehe, werde über den Blutkreislauf auch zum Gehirn transportiert, das daraufhin befähigt sei, »Lichtkraftgedanken« zu produzieren, die wiederum die Atomstruktur veränderten.

Im Jahre 1968 ging aus dem *Lectorium Rosicrucianum* eine neue Gruppe hervor, die von Rijckenborghs Sohn Henk Leene gegründet wurde: *Esoterische Gemeinschaft Sivas.* Doch schon wenige Jahre später wurde aus dem Niedergang derselben wieder eine neue geboren, die bis heute besteht: die *Esoterische Gemeinschaft der Rosenkreuzer Sivas*, die das Bild des Prometheus-Menschen im Wassermann-Zeitalter propagiert (wobei dieser für unsere Endzeit ideale Typ Mensch erst durch den Rosenkreuzer-Orden heranreift!) und somit auch Gedankengut des New Age vertritt.

10. Steinmetzbruderschaften – die genialen Baumeister des Mittelalters

»Die Steinmetzen des 14. und 15. Jahrhunderts waren gleichermaßen Architekten und Arbeiter. Den Nichteingeweihten erschien ihre Arbeit heilig. Seit den Tagen der alten Ägypter gelten große Steinbauten als Monumente der Macht, die von priesterlicher Magie oder dem göttlichen Recht der Könige künden. Für die Außenstehenden ließen die Männer, die mit Hammer und Meißel, mit Kompaß, Lineal, Wasserwaage und Winkelmaß ausgerüstet waren, Tempelbauten aus dem Boden wachsen.«[64]

Eines der vielen ungelösten Rätsel der Welt betrifft die Bautätigkeit der Menschen, welche quasi aus dem Nichts heraus die monumentalsten Bauwerke errichteten, ohne daß sich vorher eine Entwicklung zu diesem technologischen Schritt abgezeichnet hätte. Dies gilt gleichermaßen für die Monumente der Megalithkultur, für die ägyptischen Pyramiden, wie auch für die konzentrierte und vermehrte Bautätigkeit des 11. und 12. Jahrhunderts in Westeuropa, die zu solch unglaublichen Kathedralen wie zum Beispiel der Kathedrale von Chartres geführt hat.

Beschreibung des Problems

Um 4500 v. Chr. kam es in der Jungsteinzeit zu einer Revolution: Der Mensch, der sein bisheriges Leben als Sammler und Jäger geführt hatte und sich mit Mineralien und Gesteinen für die Herstellung seiner Waffen und Gerätschaften auskannte, begann plötzlich aus gewaltigen Steinen tonnenschwere, mitunter riesige Bauwerke zu errichten. Die europäischen Großsteingräber – Dolmen, Tumuli und Menhire – entstanden lange vor den Pyramiden, und diese sogenannten Megalithen – »Große Steine« – lassen sich nicht nur in der Bretagne, in Irland oder in Südengland finden, sondern sie verteilen sich über den Nahen Osten, Jordanien bis hin nach Indien und Korea. Man kann sogar mit Berechtigung annehmen, daß sich das »Megalithentum« von Westen nach Osten ausgebreitet hat. Bemerkenswert ist an dieser plötzlichen Bautätigkeit vor allem, daß nicht etwa die Städte, Aquädukte, Repräsentationsbauten aller Art errichtet wurden, sondern in erster Linie Grabanlagen – gewissermaßen künstliche Höhlen in künstlichen Bergen. In zweiter Linie wurden astronomische Bauwerke errichtet wie dasjenige von *Stonehenge*. Die unbekannten Erbauer selbst blieben dagegen bescheiden in Holzhütten wohnen, wie uns Grabungsfunde verraten.

Megalithen findet man vermehrt in Küstennähe, obgleich auch einige auf Bergeshöhen entdeckt wurden. Die Verbreitung in Küstennähe spricht dafür, daß die Steinzeitarchitekten ihre Technik auf dem Seewege verbreiteten. Auch in Mittel- und Südamerika, etwa im kolumbianischen San Augustin oder im mexikanischen La Venta konnten Megalithen nachgewiesen werden. Weil es sich vermutlich in den meisten Fällen um Begräbnisstätten handelte, liegt die Vermutung nahe, daß mit dieser Großsteinkultur vor allem religiöse Ideen verbreitet werden sollten – vielleicht durch seefahrende Missionare, denen meistens auch Siedlergruppen gefolgt waren. Diese Dolmen und Ganggräber, wie man sie wissenschaftlich nennt, scheinen für die Megalithiker eine große Bedeutung gehabt zu haben. Viele von ihnen, besonders in Frankreich, weisen Steinritzungen wie Kreise, Spiralen oder Ringwellen auf. Die schönsten ihrer Art befinden sich in einem Tumulus auf der Insel Gavrinis im Süden der Bretagne – sie werden allgemein als Symbole für Wiedergeburt und Erneuerung angesehen. Kann es sein, daß die Menschen dieser Epoche das Diesseits nur als ein Vorspiel für ein Leben nach dem Tod ansahen, obwohl in vielen Dolmen niemals Menschen bestattet worden waren? In anderen wiederum fanden sich Knochenhaufen wie hineingeschüttet.

Ein wichtiger Aspekt, der uns noch einmal bei den Pyramiden beschäftigen wird, ist der Umstand, daß die Megalithiker beim Auflegen des Decksteins diesen so labil auf den Trägersteinen positionierten, daß er mit einer Hand in Schwingung versetzt werden konnte. Er balancierte also im Gleichgewicht, was man als Sinnbild der menschlichen Freiheit auslegen kann – eine Freiheit, die als Gleichgewicht der Gegensätze verstanden wird, bei der die geringste Neigung in die eine oder andere Richtung eine unwiderrufliche Entscheidung bedeutet? Doch genau wissen wir das nicht.

In den letzten Jahren wurden eingehende Untersuchungen an megalithischen Bauwerken, aber auch an Einzelmenhiren oder Steinsetzungen wie den berühmten von Karnak durchgeführt. Die Ergebnisse irritierten die Prähistoriker alter Schule, weil sie die Steinzeitmenschen in einem gänzlich anderen Licht zeigen. »Ist es vorstellbar, daß es unter den neolithischen und bronzezeitlichen Dorfbewohnern Westeuropas Weise gab, die mit pythagoräischen Dreiecken umgehen konnten und sich mit synodischen Monaten und den Aufgängen und Bahnen der Fixsterne Arcturus, Wega, Capella und Procyon beschäftigten? Dann freilich hätte es schon damals eine Elite von Baumeistern gegeben, deren sich ihre Nachkommen in der Zeit der Gotik nicht zu schämen brauchten.«[65]

Aber genau das ist das Problem. Woher hatten diese megalithischen Steinmetzen ihr Wissen? Dieselbe Frage stellt sich auch bei den Erbauern der Pyramiden.

Diese gelten als die ersten großen Architekten und Meister in der Wissenschaft des Bauens. Die Monumente, die sie uns hinterließen, lassen uns noch heute staunen und stellen selbst für moderne Techniker Probleme dar. Wie konnten die Menschen der Pharaonenzeit Monolithe wie die in Karnak mit derart fehlerloser Genauigkeit aufstellen, wenn sie nicht einmal über die einfachsten Kurbeln und Hebevorrichtungen verfügt haben sollen? Und dies vor dem Hintergrund, daß die ägyptische Zivilisation angeblich schlagartig und sofort voll entwickelt in Erscheinung trat. Denn allen verfügbaren Berichten zufolge war die Periode des Übergangs von einer primitiven zu einer hochentwickelten Gesellschaft so kurz, daß man bislang keine Erklärung dafür finden konnte. Technologisches Wissen, dessen Entwicklung sich normalerweise über Hunderte von Jahren hinzieht, schien buchstäblich über Nacht verfügbar gewesen zu sein. Woher kam es?

Ebenso verhält es sich mit den Kenntnissen der mittelalterlichen Baumeister. Louis Charpentier schreibt in seinem Buch *Die Geheimnisse der Kathedrale von Chartres:* »Man vergißt gewöhnlich, daß der Bau – im großen wie im kleinen – von Menschen geschaffen wurde, die wußten, was sie taten. Weil man sie nicht kennt, nicht weiß, woher ihnen ihr Wissen kam, fügt sich Geheimnis an Geheimnis. Ihr Wissen aber muß beträchtlich gewesen sein. Notre-Dame von Chartres ist siebenhundert Jahre alt; sie hat neben den unvermeidlichen Verwitterungserscheinungen mindestens einem heftigen Brand getrotzt ... Wir aber wissen von den hervorragenden Architekten, die den Bau erdachten, von den Baumeistern, die ihn ausführten, so gut wie nichts.«[66]

Diese unbekannten Baumeister schufen das breiteste Gewölbe, das wir kennen, und eines der höchsten zugleich. Woher nur kam ihr Wissen? Denn nur hundert Jahre vor ihnen, um das Jahr 1000, hätte niemand in Europa solche Kathedralen errichten können. Woher kam das Geld? Als Chartres entstand, befanden sich in Nordfrankreich allein zwanzig Kathedralen im Bau. Woher kamen die gelernten Zimmerleute, Maurer, Steinmetzen und Bildhauer, die ganzen Facharbeiter, deren Kenntnis und Anzahl ausreichte, um solche steinernen Kirchenschiffe, in denen und an denen sich lesen läßt wie in einem Buch, von solch imposanter Größe zu bauen? Noch einmal Charpentier: »Dieses Aufsprossen von Kathedralen war gewollt. Er war gewollt von einer Organisation, die das nötige Wissen besaß, die fachkundige Baumeister zur Verfügung hatte und außerdem die Mittel, jene zu bezahlen.«[67]

Technologisches Wissen aus einer versunkenen Welt?

Je länger man sich mit dem Phänomen der Baumeister – im Mittelalter »Bauhütten« geheißen – beschäftigt, aber auch mit den großartigen Architekten, die die ägyptischen Pyramiden entwarfen, um so mehr gelangt man zu der Vorstellung, daß es geheimes Wissen gegeben hat, das Menschen in die Lage versetzte, solche Bauten zu errichten, ohne die lange Erfahrung und ausreichende Entwicklung des dazu benötigten technologischen Wissens. Die alten Ägypter behaupteten, daß der Menschheit die Grundlagen allen Geheimwissens vom Mondgott Thoth gegeben worden seien, von jenem Thoth, der als Demiurg und Einteiler und Berechner der Zeit die Welt durch den Ton seiner Stimme, durch ein einziges Zauberwort, erschaffen hat. Weiterhin hieß es, daß er sein Geheimwissen auf 36535 Schriftrollen geschrieben und diese dann auf der ganzen Welt versteckt habe, damit sie künftige Generationen suchen, aber nur die »Würdigen« auch finden mögen.

Ob man die Existenz eines solchen »Gottes« annehmen will

oder nicht – Tatsache ist, daß selbst derart verfeinerte literarische Werke wie das *Ägyptische Totenbuch* gleich zu Beginn der dynastischen Periode existieren. Walter Emery, ehemaliger Inhaber des Lehrstuhls für Ägyptologie in London, meint dazu: »Etwa 3400 Jahre vor Christi Geburt ergaben sich in Ägypten grundlegende Veränderungen. Sehr rasch ließ das Land das Stadium fortgeschrittener Steinzeitkultur mit verwickelter Stammeskultur hinter sich, und es bildeten sich zwei festgefügte Monarchien ... Gleichzeitig trat die Kunst der Schrift ans Licht, eine Monumentalarchitektur, Künste und Handwerk entwickelten sich in erstaunlichem Ausmaß, und alles weist auf die Existenz einer durchorganisierten und sogar üppigen Zivilisation hin. Dies vollzog sich in einem verhältnismäßig kurzen Zeitraum. Die grundlegende Entwicklung der Schrift und Architektur scheint kaum irgendeinen geschichtlichen Hintergrund zu haben.«[68]

So ist es also vorstellbar, daß dieses geheime Wissen vor langer Zeit von Fremden nach Ägypten gebracht wurde, die eine Sintflut überlebt hatten. Was immer auch Atlantis gewesen sein mag – daß es irgendwo auf der Welt eine höher entwickelte menschliche Zivilisation gegeben haben mag, die an ihrer eigenen Hybris zugrunde ging, belegen viele Mythen der Menschheit. Vorstellbar ist dies durchaus, und warum sollten nicht Überlebende einer solchen Katastrophe ihr technologisches Wissen andernorts weitergegeben haben?

Denn was verbirgt sich zum Beispiel hinter dem geheimnisvollen »Shamir«, von dem uns die Bibel erzählt. Wir erfahren, daß Salomo beim Bau seines Tempels befahl, keine Hämmer, Äxte oder Meißel, also Werkzeuge aus Eisen, zu benutzen, um die massiven Steinblöcke zu bearbeiten. Statt dessen stellte er den Handwerkern ein altes Gerät zur Verfügung, das in die Zeit von Moses selbst zurückdatiert werden kann: den Shamir. Dieser konnte angeblich selbst die härtesten Materialien schneiden, ohne Reibung oder Hitze zu entwickeln. Er war auch bekannt als der »Stein, der Felsen zerschnitt«.

Dieses seltsame Gerät durfte in keinem Eisen- oder Metallbehälter aufbewahrt werden, weil es ein solches Behältnis hätte zerbersten lassen. Vielmehr wurde der Shamir in ein wollenes Tuch gewickelt und dieses wiederum in einen mit Gerstenkleie gefüllten bleiernen Korb gelegt. Der geheimnisvolle Shamir verschwand bei der Zerstörung des Tempels durch den babylonischen König Nebukadnezar im Jahre 597 v. Chr.

Ein solches Gerät wie dieser »Shamir« klingt eher nach einem technologischen Produkt als nach einem magischen. Von wem mögen die Israeliten es erhalten haben? Und einmal mehr stellt dieses hochwertige technologische Produkt eine Verbindung zu Gott Thoth her, der geheimes und hochstehendes Wissen an jene weitergegeben haben soll, die verantwortlich damit umzugehen versprachen.

Auch die Freimaurer hielten Thoth – vielleicht verbirgt sich hinter ihm eine reale Gestalt, ein Überlebender der erwähnten Sintflut – in besonderen Ehren. Ihrer Lehre nach habe Thoth eine Hauptrolle in der Bewahrung des freimaurerischen Handwerks und seiner Weitergabe an die Menschheit nach der Flut gespielt.[69]

Im Mittelalter bekannte sich auch Kopernikus dazu, da er zu seinen revolutionären Einsichten nur durch das Studium der geheimen Schriften der Ägypter und der Werke des Thoth gekommen sei. Und selbst Isaac Newton war davon überzeugt, daß »die Ägypter Geheimnisse, die jenseits des Fassungsvermögens der gemeinen Masse lagen, hinter dem Schleier religiöser Rituale und hieroglyphischer Symbole verbargen.«[70]

Es mag also etwas dran sein an der Vorstellung, daß einst Wissen einer untergegangenen Zivilisation an auf einer niedrigeren Stufe stehende Menschen weitergegeben worden ist. Und vielleicht hat Graham Hancock recht, daß auch die Bundeslade der Israeliten »die Wurzeln allen Wissens enthielt«. Und sicherlich gehörten zu diesem Wissen auch Kenntnisse und Fähigkeiten die Architektur betreffend. Hancock liegt sicherlich nicht falsch, wenn er davon ausgeht, daß die Templer, die sieben Jahre lang in den Ruinen des alten salomonischen Tempels graben und suchen durften, unter Umständen auf Dokumente stießen, mit denen sich wenige Jahrzehnte später solche Kathedralen wie die von Chartres errichten ließen. Die These bietet zumindest eine Erklärung für das plötzlich vorhandene Wissen der Bauleute.

Und es mag sein, daß diese wieder ans Tageslicht gebrachten Geheimlehren von Geometrie, Proportion, Ausgewogenheit und Harmonie auf die Erbauer der Pyramiden zurückzuführen sind. Von diesen Erbauern heißt es auch, daß sie ein als »Ma'at« bekanntes Verfahren kannten, das man mit »Gleichgewicht« oder »Balance« übersetzen kann. Der Ägyptologe John Anthony West nimmt daher an, daß »die Ägypter Techniken des mechanischen Gleichgewichts kannten und benutzten, die uns unbekannt sind.«[71] Mit solchen Techniken hätten sie »leicht und geschickt gewaltige Steinmassen bewegt«, was wie Zauberei anmutet.

Diesen »geschickten« Umgang mit Steinmassen hatten offenbar auch die Megalithiker praktiziert, was wiederum für die These spricht, daß sie in dieser ausgereiften Technik von anderen angeleitet worden waren.

Die Bauhütten

Vor dem Jahr 1000 gab es kaum talentierte Baumeister. Mit Ausnahme einiger byzantinisch geprägter Bauwerke ist alles, was heute noch erhalten ist, eher grob und einfallslos gestaltet. Nach dem Jahr 1000 entfaltete sich zunächst das Romanische.

Zu dieser Zeit gab es 1108 romanische Abteigebäude, die allesamt ab 950 errichtet worden waren. 326 Abteigebäude wurden im 11. Jahrhundert ausgeführt, aber 702 im 12. Jahrhundert.

Plötzlich, wie aus dem Nichts waren die Baumeister da, die in der Lage waren, eine größere Kirche materiell, intellektuell und spirituell zu erdenken.

Zugleich entstanden die Gesellenbruderschaften – Bauleute, die ihr Wissen nicht zum Allgemeingut werden ließen. Sie stellten ihre Baukunst und sich selbst unter eine geistige These. Was sie taten war Kultarbeit, und der Segen dieser Kultarbeit war ein Mysterium und Anlaß geistiger Verbrüderung. Die künstlerische Betätigung, so empfanden diese Menschen, dient einzig und allein dem Gott in uns und somit indirekt der Vergottung der Welt. Die Gesellenbruderschaften bildeten eine verschworene Geheimgesellschaft inmitten des breiten Publikums, das staunend ihrer Tätigkeit beiwohnen konnte. Deren wahrer Reichtum war das Wissen um die richtige Proportion. Dadurch gelangten sie zu Gebäuden, die die mystische Vision der Bauleute wahrhaft »Stein« werden ließ.

Diese Gesellenbruderschaften besaßen bestimmte Rituale, die den Freimaurern nahestanden: Übergabe der Handschuhe, Zimmer der Meistererhebung usw. Diese Bauleute waren zugleich frei von jeder Leibeigenschaft und feudaler Abhängigkeit. Sie waren durch päpstliche Bullen geschützt und genossen verbriefte kaiserliche Privilegien. Die Werkstätten der Kirchenbauleute, die sogenannten Hütten, waren möglichst in quadratischer Form und meist aus Steinen in der Nähe des Baus errichtet worden. Sie dienten auch als Versammlungsraum und wurde »lodge«, in deutscher Übersetzung »Loge« genannt.

Es gab innerhalb der Hütte zwei Grade: Lehrlinge und Gesellen. Letztere hatten alles auswendig gelernt.

Ziel jeglichen Rituals ist es, sich in einen emotionalen Zustand zu versetzen, in dem die idealistischen Gefühle in uns angesprochen werden, die uns befähigen, über uns hinauszuwachsen. Die vollkommene Beherrschung des Handwerks sollte demnach durch das Ritual erlangt werden. Einer ihrer hermetischen Grundsätze lautete: »Du sollst das Feine vom Groben sondern mit großem Geschick.«[72]

Festzuhalten bleibt, daß die Gesellenbruderschaften eine den Freimaurern ähnliche Symbolik entwickelten, wobei der letztgenannte Weg noch weitere Dimensionen ausfeilte.

Als älteste Steinmetzhütte gilt die Hütte von Straßburg. Sie stand unter der Leitung eines genialen Münsterbaumeisters: Erwin von Steinbach. 1273 wurde diese »Hütte« vom Kaiser Rudolf von Habsburg mit diversen Privilegien ausgestattet. Erwin von Steinbach durfte sogar Recht sprechen, und dieses wurde gehandhabt »nach Handwerksbrauch und Steinwerksrecht, wie es die Altvorderen von jeher geübt hatten«. Wurde jemand in die »Hütte« aufgenommen, so mußte er auf das Evangelium bei ihrem Schutzpatron, dem heiligen Johannes dem Täufer, schwören. Dieser letzte Aspekt ist deshalb so bemerkenswert, weil einige Forscher des Okkulten vermuten, daß der Akt der Taufe – wie sie auch Jesus durch Johannes erfuhr – die Initiation in das erleuchtete Wissen eines Geheimkultes gewesen war, dessen Begründer Tausende von Jahren zuvor buchstäblich »aus dem Wasser« gerettet worden waren.

Die Bauhütten des Mittelalters bildeten den Mutterboden für das Freimaurertum. Etwa vom 15. Jahrhundert an setzte auch allmählich der Verfall der Gesellenbruderschaften ein. So trat unter anderem an die Stelle des gotischen Spitzbogenstils der griechische Säulenbau und die römische Kuppelform (Renaissancestil). Im 17. Jahrhundert fanden auch die großen Dombauten nach und nach ein Ende. Die Logen selbst wurden schon bald durch Nichtmaurer unterwandert: Ärzte, Schriftsteller, Adelige und Theologen nahmen an den Zusammenkünften teil und wurden als sogenannte »angenommene Maurer« von den Bauleuten akzeptiert. Vier solcher Logen schlossen sich 1717 in London zu einer Großloge zusammen. Versammlungsort war ein Gasthaus mit dem Namen »Zur Gans und zum Bratrost«. Die Jahreszahl 1717 wird allgemein als Beginn der rein spekulativen Freimaurerei bezeichnet. 1731 wurden die Bauhütten durch ein kaiserliches Edikt aufgehoben.

Der letzte »Wissende« der ehemaligen Gesellenbruderschaft soll der Dombaumeister Schmidt in Wien gewesen sein. Er starb Ende des 19. Jahrhunderts.

11. Die Freimaurer

Legende von Tod und Auferstehung

Am Anfang der freimaurerischen Symbolwelt steht eine Legende, die in dieser Form literarisch nirgendwo nachweisbar ist. Es ist die Legende vom ermordeten »Hiram Abif«, jenem Mann aus Tyrus und Sohn einer Witwe aus dem Stamme Naphtali, den König Salomo deshalb zu sich holen ließ, weil er »ein Meister im Erz, voll Weisheit, Verstand und Kunst« war und »zu arbeiten allerlei Erzwerk« verstand. Dieser Hiram fertigte ein riesiges Bronzebecken, das im Tempelhof stand, zwei große eherne Säulen – Jachin und Boas – und allerlei Töpfe und Gefäße an.

Hiram, der Meister des Metallhandwerks, ist für die Freimaurer eine Gestalt von ungeheurer Bedeutung. Ihrer Tradition nach wurde Hiram von drei seiner Assistenten begleitet, die ihn kurz nach Vollendung der Metallarbeiten am Tempel ermordeten. Dieses Ereignis wird während der Initiationsriten für den Grad des Meisters jedesmal erneut in Erinnerung gerufen: Jeder neue Meister muß dabei die Rolle des Mordopfers spielen und dessen Tod symbolisch durchleiden. »Der zu Initiierende liegt mit verbundenen Augen auf dem Boden und hört, wie die drei Mörder beschließen, ihn bis Mitternacht in einem Schutthaufen zu begraben und den Leichnam sodann vom Tempel fortzuschaffen. Der Kandidat wird in eine Decke gewickelt und an die Seite des Raumes gebracht, womit das Begräbnis des Hiram Abif symbolisiert wird. Bald hört er die Glocke zwölf schlagen und wird zu dem am Abhang eines Hügels westlich des Berges Morija (auf dem der Tempel Salomons lag) geschaufelten Grab gebracht. Er hört, wie die Mörder den Entschluß fassen, sein Grab mit einem Akazienzweig zu kennzeichnen, und wie sie dann nach Äthiopien aufbrechen ...«[73]

Offenbar kann das wahre Wissen, welches wir einzig in Mythen und Symbolen erfahren, nicht anders erlangt werden als im Verlauf einer geistigen Wiedergeburt, die sich in der Einweihung durch Tod und Auferstehung ereignet. Dies war das große Geheimnis aller antiken Mysterienkulte und fester Bestandteil des freimaurerischen Rituals. Das Todeserlebnis wurde also in Kauf genommen, um den »alten«, noch uneingeweihten Adam absterben zu lassen, damit man überhaupt in ein neues Dasein treten konnte. Es ist das bekannte »Stirb und Werde« aller wahren Initiationskulte – eine Zeremonie, die Leben und Tod als zwei Seiten einer Münze betrachtet – eine hermetische Sicht der Dinge, die wohl bereits die alten Ägypter in ihren Pyramiden und Tempeln praktiziert hatten. Durch dieses Ritual wird der Tod relativiert und seine Macht ein für alle Male gebrochen. Diese rein geistige Wiedergeburt eröffnet zugleich den Zugang zu einer Seinsweise, die der zerstörerischen Wirkung des Todes und der Zeit entzogen ist.

Um die Legende und das sich daraus entwickelnde Ritual bei der Initiation des Meisters voll und ganz zu verstehen: Nicht Hiram Abif ersteht neu, sondern sein Fortleben wird in jedem neuen Meister gesichert. Diese »Auferstehung« erfolgt rituell: »Nach der rituellen Auffindung des toten Meisters, dessen Fleisch sich von den Knochen gelöst hat, befiehlt der Meister vom Stuhl (Vorsteher einer Loge), eine lebende Kette durch Handreichungen zu bilden, um die höchsten Kräfte, welche die königliche Kunst zu entbinden vermag, einzusetzen. In tiefem Schweigen ergreift er die rechte Hand des Toten, welchen die Aufseher an den Schultern fassen und aufrichten. Aufrechtstehend begegnet er den fünf Punkten der Vollkommenheit: Gesicht an Gesicht, rechten Fuß gegen rechten Fuß gesetzt, Knie gegen Knie, Brust gegen Brust, die rechten Hände verschlungen, den linken Arm über die Schulter gelegt; in dieser Stellung flüstert er ihm das geheimnisvolle Meisterwort zu und spricht ihn an: Moabon (Sohn der Verwesung). Plötzlich strömt Helligkeit in den Tempel. Hiram ist wiedererstanden. Er lebt neu in dem Eingeweihten.«[74]

Danach erhält der neue Meister – es ist dies der dritte Grad von insgesamt 33 zu erlangenden Graden – die Insignien seines Grades: Richtschnur, Zeichenstift und Zirkel. Sein zweiköpfiger Meisterhammer erinnert an die altkretische Doppelaxt und an den griechischen Buchstaben Tau.

Hiram Abif selbst ruht der Legende nach unter einer abgestumpften Pyramide, die je zur Hälfte aus weißem und schwarzem Marmor besteht. Als Inschrift stehen die hebräischen Buchstaben: J.B.M. (Jachin, Boas, Meister).

Drei unbehauene quaderförmige Steine umgeben sein Grab – Symbol für sein unvollendetes Werk. Hiram ist ein Stein am Bau des gewaltigen Tempels der Menschlichkeit, den zu errichten sich die Freimaurer als Ziel setzten.

Zur Entstehungsgeschichte der Freimaurerei

Einige Freimaurer betrachten Adam als ihren Ahnherrn; andere führen sich auf die Erbauer der Pyramiden zurück. Zeitlich gesehen gilt die Jahreszahl 1717 als Beginn der Freimaurerei. Damals schlossen sich in London vier Logen, die aus den Bauhütten des Mittelalters hervorgegangen waren, zu einer einzigen zusammen. Als Abzeichen dienten dieser Loge Schurzfell, Kelle, Winkelmaß und Zirkel. Alten Konstitutionsbüchern zufolge wurde die »Verfassung« der Freimaurer 1723 geschrieben – bemerkenswerterweise von einem schottischen Geistlichen, James Anderson. Dieses Buch wurde in den USA erst

1734 veröffentlicht, und zwar von keinem Geringeren als Benjamin Franklin – dem Großmeister der nordamerikanischen Freimaurer. In diesem Buch steht unter anderem geschrieben: »Während in früheren Zeiten die Freimaurer der jeweiligen Religion des betreffenden Landes oder Staates verpflichtet waren, wird es heute für zweckmäßiger gehalten, sie auf die Religion zu verpflichten, in der alle Menschen übereinstimmen, und ihre eigenen Anschauungen ihnen zu überlassen, als gute und wahrhaftige, ehrenhafte und aufrechte Menschen zu sein, durch welche Konfessionen oder Überzeugungen sie sich auch immer entscheiden mögen.«[75]

Das ist der Geist der Aufklärung, wie ihn in Deutschland Gotthold Ephraim Lessing vertrat. Der größte Teil der Unterzeichner der amerikanischen Unabhängigkeitserklärung und auch die ersten Präsidenten, Thomas Jefferson und George Washington, waren Freimaurer. Erkennen durch Erleben ist der Grundsatz der Freimaurerei, und dazu gehört ebenfalls Toleranz und Aufgeschlossenheit. Trennendes soll überwunden und Verständigung unter den Menschen gefördert werden. Der Bund dieser Männer verstand sich selbst als universell. Die »Maurer« arbeiteten an der ständigen materiellen und spirituellen Verbesserung ihrer eigenen Persönlichkeit und die ihrer Zeitgenossen; sie sahen sich dabei als Glieder einer großen Kette, als Brüder, die sich gegenseitig Beistand und Hilfe schulden. Dichter wie Lessing, Herder und Goethe, das Genie Mozart oder die Philosophen Locke, Voltaire und Kant zählten sich zu den Freidenkern und traten den Maurerlogen bei.

Im Jahre 1738 erließ Papst Klemens XII. das erste einer Reihe von päpstlichen Dekreten gegen die Freimaurerei und ordnete die Exkommunikation aller Katholiken an, die der Zunft angehörten. Ausgerechnet im Geheimhaltungseid des Freimaurers sah der Vatikan eine Bedrohung des Beichtgeheimnisses und der kirchlichen Autorität. Zudem mußte er die enge Verbindung zwischen Männern unterschiedlichen Glaubens strikt ablehnen.

Unterstellt wurde den Freimaurern die Urheberschaft an der Französischen Revolution, so daß es im 19. Jahrhundert zu einer Verfolgungswelle kam; später auch im Dritten Reich, verursacht durch die Legende einer Weltverschwörung von Freimaurerei und Zionismus. Aber nach wie vor orientiert sich der Bund an zeitlos gültigen Grundsätzen der Humanität und Brüderlichkeit.

Schon bei den mittelalterlichen Steinmetzen war Johannes der Täufer Schutzpatron der Logen. Aus dieser Tradition heraus bezeichnen sich noch heute die freimaurerischen Logen als »Johannislogen«. Sie sind vereinsrechtlich gesehen eingetragene Vereine mit einer entsprechenden Satzung. Ihr Vorsitzender nennt sich »Meister vom Stuhl«. Aus dem Kreise dieser Logenmeister wird der Distrikts- oder Provinzialmeister gewählt. Diesen übergeordnet ist schließlich der Großmeister. Er allein kann die Erlaubnis zur Gründung einer neuen Loge erteilen. Insgesamt soll es heute auf der Welt sechs Millionen »Brüder« geben, die sich in etwa vierzigtausend Logen organisiert haben.

Freimaurer und Templer?

Nach wie vor vertreten einige Freimaurer-Historiker den Standpunkt, daß sich aus Frankreich geflohene Templer auf der schottischen Insel Mull im Jahre 1312 entschlossen hätten, den Orden neu zu gründen und unter den Schutz der Bauhütten zu stellen. Einen unwiderlegbaren Beweis dafür kann allerdings niemand erbringen, wobei nicht zu leugnen ist, daß sich Teile der Templertradition in der Ideologie gerade der freimaurerischen Hochgrade erhalten haben. Aber dort finden wir auch kabbalistisches und alchimistisches Gedankengut.

Was nun die Templertradition angeht, so läßt sich diese sehr schön im 30. Grad des *Alten und Angenommen Schottischen Ritus* nachweisen. Der 30. Grad heißt »Ritter Kadosch«, wobei »Kadosch« das hebräische Wort für »heilig« ist. In diesem Grad wird nach Lennhoff und Posner – Autoren des Internationalen Freimaurerlexikons von 1932 – die gesamte Templertradition zusammengefaßt: »Der Hirman des Meistergrades ist im XXX. Grad der letzte Templer-Großmeister Jacques de Molay, dessen Märtyrertod eine realistische Darstellung findet.«[76]

Viele Gegner der Freimaurerei haben in dem Ritter »Kadosch« einen blutigen Rächer sehen wollen, der Verräter der Geheimnisse erdolcht hätte. Ein solch brutales Verhalten widerspräche allerdings dem freimaurerischen Bekenntnis zu den Menschenrechten, auch wenn die Symbolik dieses 30. Grades einen Dolch aufweist, dessen wahre Bedeutung eher in magisch-mythischen Geheimritualen zu suchen ist.

Freimaurerische Initiation und Alchimie

Die freimaurerische Einweihung beruht auf einer Anzahl von Symbolen, die den »Bewerber« am Tage seiner Einführung in die Loge und während seiner Arbeit »zwischen den Säulen« – gemeint sind Jachin und Boas vor dem Tempel Salomons – vorgelegt werden. Der Neuling wird in einen völlig schwarzen Raum geführt, der vom Schein einer Kerze erhellt wird. Er befindet sich symbolisch gesprochen »in den Tiefen der Erde«. Was der Bewerber dort sieht, sind ein Schädel, Gebeine, ein Tisch und ein Schemel. Allerdings gibt es von Loge zu Loge Unterschiede.

An den Wänden sind andere Symbole: ein Hahn, die Worte »Wachsamkeit« und »Beharrlichkeit«, eine Sense, eine Sanduhr, die Buchstaben »Vitriol«. Auf dem Tisch entdeckt der Bewerber Salz, Schwefel, Brot und einen Krug mit Wasser. Eine Schrift beschwört ihn zu fliehen, wenn er meint, daß sein Wille die Aufgaben nicht erfüllen kann, die ihn erwarten. Beharrt er jedoch auf seiner Absicht, der Bruderschaft beizutreten, so muß er zunächst einmal sein philosophisches Testament machen. Danach wird er abgeholt, um sich einer weiteren Prüfung zu unterziehen, bevor er den ersten Teil seiner Einweihung erfährt. Wird er schließlich aufgenommen, so schließt der Freimaurer, wie es im 4. Artikel der Großloge von Deutschland steht »mit seinen Brüdern einen Bund fürs ganze Leben«.

Alchimistisches Gedankengut ist mit dem Wort »Vitriol« verbunden. Es handelt sich dabei um die Anfangsbuchstaben eines lateinischen Satzes: »Visita Interiora Terrae Rectificandoque Invenies Occultum Lapidem«. (Erforsche das Innere der Erde, und, indem du dich läuterst, wirst du den verborgenen Stein finden.)

Dies erinnert an die Denkweise der mittelalterlichen Alchimisten, die das »Gold« des erwachten Ich finden wollten. Die Transmutation der Elemente ist in Wirklichkeit die Transmutation des Selbst. Dafür muß er in die Dunkelheit des eigenen Ichs hinabsteigen – tiefer Sinn der spirituellen Alchimie. Die »Schlacken« der materiellen Welt fallen von einem ab, das Ich findet geläutert zu sich selbst. Somit ist der Stein der Weisen – den der Freimaurer auch als den »rauhen Stein« begreift, den er unablässig bearbeiten muß, bevor er zu den Geheimnissen des Tempels gelangen kann – nichts anderes als die Kraft, die die Gegensätze in uns überwindet und uns folglich »heilmacht«.

Jedoch bleibt festzuhalten, daß der freimaurerischen Lehre nach nicht nur der Bewerber ein Suchender ist, der den Stein bearbeitet, also an sich selbst arbeitet, sondern auch später noch ein Suchender bleibt, indem er um »Licht, um Wahrheit« ringt. Diese stete Suche nach dem »eigenen Gold« findet in den immer wiederkehrenden Wanderungen – den »mystischen Reisen« seinen Ausdruck.

Die 33 Grade des *AA-Schottischen Ritus*

Unter »Arbeit« versteht der Freimaurer vor allem die Betätigung in der Loge. Grade, Symbole und Rituale bestimmen seine maurerische Arbeit. Hierbei bezeichnen die Grade die Lehrstufen der Einweihung. Die ersten drei Grade bilden die sogenannten »blauen« oder Grundlogen: Lehrling, Geselle, Meister. Die übrigen Hochgrade sind sogenannte »Perfektionslogen«. Dabei ergibt sich der 33. Grad des *Schottischen Ritus* aus einer kabbalistischen Entschlüsselung des Namens Mohammed (Zahlenwert 132 oder 32 plus 1). Die Zahl 33 wird von den Baumeistern in ein Pentagramm, mitunter auch in den sechzackigen Stern Salomos geschrieben.

Die einzelnen Grade lauten der Reihe nach:
1. Lehrling
2. Geselle
3. Meister
4. Geheimer Meister
5. Vollkommener Meister
6. Geheimer Sekretär
7. Vorsteher und Richter
8. Intendant der Bauten
9. Auserwählter Meister der 9
10. Auserwählter der 15
11. Auserwählter Ritter
12. Groß-Architekt
13. Royal Arch
14. Auserwählter, Vollkommener und Erhabener Meister
15. Ritter des Ostens

16. Meister von Jerusalem
17. Ritter vom Osten und Westen
18. Ritter vom Rosenkreuz
19. Hoher Priester
20. Obermeister aller Logen
21. Preußischer Ritter
22. Prinz vom Libanion
23. Meister des Allerheiligsten
24. Obermeister des Allerheiligsten
25. Ritter der ehernen Schlange
26. Schottischer Trinitarier
27. Obermeister des Tempels
28. Ritter der Sonne
29. Groß-Schotte des heiligen Andreas
30. Kadosch-Ritter
31. Groß-Richter
32. Meister des Königlichen Geheimnisses
33. General-Groß-Inspektor

In Deutschland sind fünf Großlogen bekannt:

1. *Großloge der Alten Freien und Angenommenen Maurer (AFAM)*
2. *Große Landesloge der Freimaurer von Deutschland (FO)*
3. *Große National-Mutterloge »Zu den 3 Weltkugeln«*
4. *American and Canadian Grand Lodge (AF & AM)*
5. *The Grand Lodge of British Freemasons in Germany*

Freimaurer und Frauen

Angeblich soll es in Deutschland eine Vereinigung geben, die sich *Bund freimaurerisch arbeitender Frauen* nennt. Inwieweit sie mit den reinen Männerlogen vergleichbar ist, läßt sich schwer sagen. Denn allgemein gilt immer noch, was ein deutscher Freimaurer 1785 schrieb: »Die Herzen der Freimaurer stehen den Frauen offen, aber die Logen sind ihnen verschlossen.«[77]

Dennoch darf nicht unerwähnt bleiben, daß es im 18. Jahrhundert einige »Adoptionslogen« gegeben hat, in denen Männer und Frauen gemeinsam freimaurerische Bräuche pflegten. »Adoptionslogen« hießen sie, weil jede Loge einer männlichen unterstellt beziehungsweise von ihr »adoptiert« worden war. Aber: »Im allgemeinen bewegte sich deren Wirken [der Frauen] zwischen symbolischer Zeremonie, Wohltun und schönen Festen.« Die Frauen, so erfahren wir weiter, »trugen zierliche Schürzen, ihre Treffen waren heiter und ausgelassen und endeten meist mit einem Kostümball«.[78]

Diese gemischten Logen gab es vor allem in Frankreich – Königin Marie Antoinette gehörte einer solchen Loge an. Das Ritual solcher Adoptionslogen verlegte die »Arbeit« in den Garten Eden. Daneben spielten die Erdteile und ganz allgemein die biblische Geschichte eine Rolle.

Im Jahre 1893 wurde von der Feministin Marie Deraismes (1828–1894) und dem Arzt Georges Martin eine *gemischte Obödienz* (Unterstellung unter eine Großloge) gegründet. Obgleich diese Loge nach wie vor besteht – angeblich mit fünftausend Mitgliedern –, wird sie von den französischen Freimaurern als irregulär betrachtet. Ihrer Meinung nach wäre es die Aufgabe der Frauen, sich selbst »die geeigneten Wege und Riten für den Zugang zu den überlieferten Erkenntnissen der Initiation zu suchen«.[79]

In Amerika hält sich seit 1914 die Frauenloge *Töchter des Nils.* 1954 soll sie 83 Tempel und achtunddreißigtausend Mitglieder gehabt haben. Man kann die *Töchter des Nils* insofern als weibliche Hochgradfreimaurerei bezeichnen, weil in diesem Orden nur Frauen von Shrinern aufgenommen werden. Shriner allerdings müssen Freimaurer des 32. Grades oder Tempelritter des York-Ritus sein.

Und dann stößt man in der Freimaurerliteratur häufig auf sogenannte »Freimaurerdamen« innerhalb von reinen Männer-Logen. Zum Beispiel gibt es da die Geschichte der 17jährigen Elisabeth St. Leger, Tochter eines irischen Adeligen des 18. Jahrhunderts. Sie hatte unfreiwillig ein Logentreffen im Haus ihres Vaters belauscht und wurde, als sie versuchte davonzuschleichen, ertappt. Elisabeths erzürnte Brüder verlangten angeblich ihren Tod, weil dies die übliche Strafe für das Belauschen eines Freimaurerrituals darstellte. Ob das wirklich so gewesen war, bleibt zu bezweifeln. Jedenfalls ging die ganze Sache für das Mädchen gut aus. Sie wurde in die Loge aufgenommen und mußte einen Verschwiegenheitseid leisten.

Die zweite Frau, von der mitunter die Rede ist, war die ungarische Gräfin Helene Hadik-Barkoczy. Weil sie keine Brüder hatte, wurde sie nach dem Tod ihres Vaters dessen Alleinerbin, wodurch sie angeblich den Status eines Mannes erhalten hatte. Somit konnte sie in eine Loge aufgenommen werden. Jahre später allerdings wurde sie von ihrer Loge wieder ausgeschlossen. Es gibt jedoch kaum ein Dutzend solcher soeben beschriebener Fälle.

Von allen Geheimbünden, die die bürgerliche westliche Welt hervorgebracht hat, stellt die Freimaurerei den vollkommensten Typus dar. Sie ist keine Religion, keine Sekte, sondern ein reiner Männerbund mit diesseitiger Ausrichtung. Von einer besseren Welt im Jenseits ist bei den Freimaurern nicht die

Rede. Nicht Meditation und Gebet gehören zu ihrem Programm, sondern »Arbeit«, wozu allerdings das tief erlebte Ritual zählt. Man darf aber auch nicht leugnen, daß es im Laufe der Geschichte – von Logen zu Logen unterschiedlich stark ausgeprägt – esoterische Züge gab. Dies betrifft vor allem die früheren Logenbrüder in Schottland. Das schon sprichwörtliche Stillschweigen der Maurer, die Absonderung von der breiten Öffentlichkeit, die Betonung der Erlebnissphäre beim Ritual, die fremdartigen Symbole und eine eigene Sprache sowie Geheimwörter, rücken sie auch in die Nähe antiker Gnostiker. Die Freimaurer stellen einen geschlossenen Männerbund dar mit esoterischen Zügen, der dennoch aufgrund seiner Symbolik aus der Sphäre des Handwerklichen einen besonderen Platz in der Welt der Mysterienbünde einnimmt. Unerwähnt bleiben darf auch nicht, daß vielen Freimaurern die Nomenklatur der 33 Grade und ihre »bunte phantasievolle Namensgebung« als ein Relikt aus älteren Tagen erscheint, und sie das maurerische Geheimnis lieber von jedem Mysterienwesen unabhängig sähen.

Aber die Suche des Menschen nach sich selbst führt nun einmal von unten nach oben und wieder zurück, weil nur auf diese Weise die Welt verstanden und der Mensch sich selbst erringen kann. Und somit gilt auch für die Freimaurerei auf ewig, was der englische Autor Alec Mellor einmal wie folgt formulierte: »Die wahre Meisterschaft ist ein Ideal, welches die Menschheit verfehlt hat. Eine Art messianischer Hoffnung leuchtet indessen hindurch, aber … was verloren wurde, kann nur jenseits des Schleiers der Zeitlichkeit wiedergefunden werden, und darauf sind unsere Blicke gerichtet.«[81]

Unterschiedliche Riten und freimaurerähnliche Bünde

Rektifizierter Schottischer Ritus (RSR)

Im Unterschied zum *Alten und Angenommenen Schottischen Ritus* wurde bei diesen Freimaurern das Ritual vereinfacht. Es gibt nur noch sechs Grade. Der 6. Grad nennt sich *Ritter der Heiligen Stadt.*

Der *Rektifizierte Schottische Ritus* ist vor allem in der Schweiz verbreitet. Interessant ist, daß der Orden *Elus Coens* des Portugiesen Martinez de Pasqualis nach dessen Verschwinden 1772 zum größten Teil im *Rektifizierten Schottischen Ritus* aufging. Inhaltlich ist der *RSR* vor allem auf christlicher Basis aufgebaut. Seine Mitglieder halten jedoch nicht an kirchlicher Dogmatik fest, sondern fühlen sich dem Geist des Urchristentums ohne Papst und Kirche verpflichtet.

Knights Templar und Knights of Malta

Dieser Orden wurde 1769 in Boston gegründet und trat zum erstenmal 1785 in Bristol ans Licht der Öffentlichkeit mit einem »großen Feldlager« am Tage Johannes des Evangelisten. Damals zogen die *Knights Templar* in prächtiger Uniform und mit militärischem Drill durch die Straßen der Stadt. Wer in diesen Orden aufgenommen werden will, muß zuerst eine Prüfungszeit bestehen. Danach geht er auf symbolische Kreuzfahrt und wird, wenn er diese erfolgreich zu Ende bringt, zum Ritter geschlagen. Das Ritual dieses Ordens lehnt sich eng an die Tradition der Templer und Kreuzfahrer an. *Knight of Malta* kann wiederum nur ein *Knight Templar* werden.

Strikte Observanz

Dieses System wurde 1751 vom Reichsfreiherrn Karl Gotthelf von Hund ins Leben gerufen. Er berief sich bei seinem komplexen Regelwerk auf den Templerorden und behauptete, Nachfahren desselben in Paris getroffen zu haben. Sein Ziel war es, mittelalterliche Ritterromantik und Freimaurertum zu vereinen. Deshalb behauptete er, »geheime Obere« des Templerordens hätten ihn in Frankreich vom heimlichen Fortbestehen des Templerordens unterrichtet und ihn in dessen Ritus eingeweiht. Von Hund erklärte, von diesen »unbekannten Oberen« zum Heermeister der VII. Provinz – Deutschland – ernannt worden zu sein.

Vor allem die Beschäftigung mit der Alchimie und der Kabbala gehörte zu den wesentlichen Inhalten der *Strikten Observanz*. Der Name sollte wohl vor allem bedeuten, daß der Ritus strenger als üblich beachtet und eingehalten wurde. Obwohl von Hund, wie sich leider zu spät herausstellte, ein Schwindler und Betrüger war, wurde dieses Hochgradsystem durch günstige Umstände in Deutschland zur vorherrschenden Lehrart für Freimaurer. Ein trauriges Kapitel in der Geschichte der Freimaurerei ist die *Strikte Oberservanz* auch deshalb, weil man nur durch Zahlung von hohen Gebühren in höhere Grade aufgenommen werden konnte. Von Hund wurde 1772 überführt, weil er die »geheimen Oberen« nicht benennen konnte. Er starb voll Gram am 8. November 1776 in Meiningen. Sein System überdauerte nur noch kurze Zeit. 1782 wurde die *Strikte Oberservanz* aufgelöst. Gleichzeitig bestritt der in Hanau versammelte Generalkonvent der Freimaurerei Deutschlands jeglichen Zusammenhang mit dem alten Templerorden. Die meisten Logen wandten sich danach wieder dem alten englischen System oder dem *Rektifizierten Schottischen Ritus* zu.

Die Riten von Misraim und Memphis

Diesen Ritus nennt man auch den ägyptischen Ritus. Er entstand 1805 in Italien und ist vor allem in Frankreich stark vertreten. 1814 wurde der ursprünglich nur *Misraim* genannte Ritus durch den *Ritus von Memphis* erweitert. Er bearbeitete in vier Klassen neunzig Grade, wobei auf die 33 Grade des *Alten und Angenommenen Schottischen Ritus* 33 philosophische folgten, 11 mystische und 13 Grade der hermetisch-kabbalistischen Maurerei. Die ägyptischen Mysterien (Isis) sind in diesem System vorherrschend. Bemerkenswert ist, daß im *Misraim-Ritus* Gottvater mit einer Kelle in der Hand abgebildet wird, wodurch er zum Gründer der Freimaurerei avanciert. Der höchste und neunzigste Grad nennt sich *Unumschränkter mächtigster Oberer des Ordens (S.S.G.G.M.M.)*.

Swedenborg-Ritus

Im Jahre 1766 rief der Benediktiner Antoine Joseph Pernetty ein hermetisches, auf der Grundlage der Freimaurerei basierendes System ins Leben, in das er neben Elementen aus dem Okkultismus auch solche aus den Lehren Swedenborgs hineinnahm. Swedenborg, Wissenschaftler aber auch Begründer des modernen Spiritismus, war jedoch niemals Freimaurer. Insofern ist es falsch, von einem *Swedenborg-Ritus* zu sprechen.

In Pernettys System spielt darüber hinaus noch die Dreieinigkeit Gottes und die Jungfrau Maria eine große Rolle. Insgesamt gibt es neun Grade; Grad Nr. 7 lautet *Ritter der Iris,* Grad Nr. 8 *Ritter der Argonauten* und Grad Nr. 9 *Ritter des Goldenen Vlieses.*

Der Benediktiner Pernetty bekam aufgrund seiner esoterischen Aktivitäten große Schwierigkeiten mit seiner Kirche.

Aus Angst vor Verfolgungen ging er von Avignon nach Berlin, wo er Bibliothekar am Hofe Friedrichs des Großen wurde. 1783 kehrte er nach Frankreich zurück, wo er drei Jahre später starb.

Odd Fellows

Ihre Herkunft liegt im dunkeln. Das Gedankengut dieses Geheimbundes scheint der Freimaurerei entlehnt zu sein. Im Vordergrund stand ursprünglich die Versorgung der Handwerker und Arbeiter im Krankheitsfall, die durch die ständige Erschwerung der Erlangung des Meistergrades überzählig (englisch: odd) geblieben waren. Im Klartext: Niemand kam für sie im Krankheitsfalle auf. So rief man 1788 in Liverpool eine Berufskrankenkasse ins Leben, um die Versorgung der Familien zu sichern. Daß die *Odd Fellows* sich aus einer Wohltätigkeitsorganisation entwickelt haben, ist nur eine Erklärung für ihre Entstehung.

Die andere Erklärung ist durchaus spaßig: Sie geht davon aus, daß Schauspieler in London nach einer Vorstellung kostümiert als »Sonderbare Gesellen« (englisch: odd) im Jahre 1803 diesen Geheimbund gründeten. Wie dem auch sei, jedenfalls wurde die erste Großloge in jenem Jahr in London ins Leben gerufen.

Kritiker erklären, daß es sich bei den *Odd Fellows* um eine vereinfachte Freimaurerei ohne Esoterik handelt. Dennoch entwickelte sich im Laufe der Jahre ein Orden mit geheimen Erkennungszeichen, Paßwörtern und Erkenntnisstufen. Wie die meisten Geheimbünde dieser Art wird auch bei den *Odd Fellows* Humanität und Nächstenliebe gepflegt. Ihr Motto lautet: Liebe, Wahrheit, Freundschaft.

»Wohltun mag mithin als einziger Zweck der *Odd Fellows*

betrachtet werden«, heißt es in der Aufnahmeschrift des Ordens.[80]

1870 faßten die *Odd Fellows* auch in Deutschland Fuß. Die erste Loge hierzulande wurde in Stuttgart ins Leben gerufen. Seit 1918 erscheint in Göttingen eine eigene Zeitschrift: *Das Bruderwort.*

Grad und Würde der Mitglieder werden durch verschiedenfarbige Kragen gekennzeichnet, sogenannte Regalien. Beim ersten Grad ist der Kragen weiß. Danach ist er – je nach Erkenntnisstufe – unterschiedlich eingefaßt: blaßblau, hellblau oder scharlachfarben, womit der Grad der Weisheit angezeigt wird. Hinzu kommen zu jedem einzelnen Grad bestimmte Symbole und Zeichen. Beim Weisheitsgrad sind es die Waage, die Bibel, das Schwert, das Stundenglas und der Sarg.

Die nächsthöheren Grade werden Lagergrade genannt. 1. Patriarchengrad (schwarzer Kragen), 2. Grad der goldenen Lebensregel (goldener Kragen), 3. Königlicher Purpurgrad (purpurner Kragen).

In einigen Logen der *Odd Fellows* gibt es einen weiblichen Grad für Frauen – den *Rebecca-Grad.* Die Frauen tragen rosarote und grüne Schleifen. Ihre Sinnbilder sind Bienenkorb, Mond, Taube und sieben Sterne. Die Forderung nach Toleranz, vor allem gegenüber den drei großen Weltreligionen, zeichnet die Arbeit in den Logen aus. 1967 wurde in Hamburg die erste *Rebecca-Loge* gegründet. Die Mitgliederzahl der deutschen *Odd Fellows* wird auf mehr als eine Million geschätzt.

12. Alchimisten

»Unsere Sache ist ein Geheimnis in einem Geheimnis, das Geheimnis von etwas, das verhüllt bleibt, ein Geheimnis, das nur ein anderes Geheimnis erklären kann, ein Geheimnis über ein Geheimnis, das sich nur mit einem Geheimnis befriedigt«.[82]

Ursprünge und Definition

Viel Geheimnisvolles und ein Hauch von Zauber haftet nach wie vor dem Wort »Alchimie« und dem Ausdruck »Stein der Weisen« an. Die Alchimisten, so läßt es uns der Volksmund wissen, sollen in ihren Küchen und Laboratorien mit Hilfe dieses magischen Steins aus Blei Gold hergestellt haben.

Das Wort »chemia« kommt aus dem Altgriechischen, wo es mit dem Gießen von Metall in Verbindung gebracht wird. Eine andere Ableitung führt nach Ägypten. Laut Plutarch soll »chemia« der Name Ägyptens sein, denn »den schwärzesten Teil des Landes Ägypten, wie die Pupille des Auges, nennen sie chemia und vergleichen es mit dem Herzen.«[83]

Das Wort »al« hingegen ist der arabische Artikel, der vor »chemia« gesetzt wurde, als die Kunst der Metalltransmutation von der arabischen Kultur übernommen wurde. Somit verweist uns die Alchimie auf den Orient, wo sie lange, bevor sie nach Westeuropa kam, bereits von den Weisen und Philosophen als »Lehre vom inneren Zusammenhang der Stoffe« gepflegt wurde.

Der Vater der Alchimie, Dschabir Ibn Haijan, ein arabischer Arzt aus dem 8. Jahrhundert, machte die Entdeckung, daß sich das sogenannte Gold der Philosophen (Stein der Weisen) durch die drei Elemente Salz, Schwefel und Quecksilber herstellen läßt, wenn man zum einen das richtige Mischungsverhältnis kennt und zum anderen ein Gleichgewicht zwischen Sulfur und Merkur zustande bringt. Dschabir Ibn Haijan ist im Westen besser unter seinem christianisierten Namen Johannes Geber bekannt. Er schrieb sein äußerst intelligentes Werk aus dem alchimistischen Bewußtsein heraus, daß er Beteiligter und zugleich Zuschauer im Kreislauf der Transformationsprozesse in der Erscheinungswelt ist. Seine Gedanken finden sich auch im Sufismus wieder, wo er als »Al-Sufi« bezeichnet wird.

Salz steht bei Ibn Haijan für das weibliche Element, für Erde; der Schwefel für das männliche Element, für Feuer; Quecksilber wird mit Merkur oder Hermes gleichgesetzt und stellt generell für die Alchimisten das Element der Vereinigung dar – die »Heilige Hochzeit«, das geistige Element.

Das Prinzip der Substanzverwandlung, das jeder alchimistischen Idee zugrunde liegt – ob es nun dabei um die Herstellung von Gold oder Medikamenten geht –, war sicherlich Wegbereiter für die Entwicklung der modernen Chemie. Von dieser Perspektive aus kann die Geschichte der Alchimie als Geschichte der menschlichen Wahrnehmung von Art und Ursache der Materie und von Verwandlungen, die durch chemische Reaktionen hervorgerufen werden, verstanden werden.

Doch das jahrzehntelange Suchen nach Wahrheit, das Sammeln von Daten und Fakten, und das – wie C. G. Jung herausstellte – immer und immer wieder exakt durchgeführte Ritual, sich den Elementen zu nähern, hat zugleich zu einer Vertiefung des menschlichen Bewußtseins geführt. Insofern ist die Alchimie ein komplexes Phänomen.

Die Sprache, in der die Alchimisten schrieben, war und ist nicht auf Anhieb zugänglich. Weil sie das Bedürfnis hatten, den Zusammenhang zwischen Prozessen in ihrem Labor und den geistigen Prozessen aufzuweisen, brachten sie ihre Gedanken in Sinnbildern, Personifizierungen, in spezieller Farbensymbolik, in astrologischen Zeichen und mitunter ungewöhnlichen Allegorien zum Ausdruck: »Lege eine Kröte an den Busen einer Frau, damit sie sie stillt und stirbt und die Kröte durch die Milch wächst«[84] – ein Beispiel aus *Mutus Liber*, dem »stummen« Buch, einem reinen »alchimistischen Bilderbuch«.

Die Alchimie hat, was heute durch die Teilchenphysik erst allmählich wieder ins wissenschaftliche Bewußtsein rückt, vor allem der Erfahrung Ausdruck verliehen, daß Beschäftigung mit der Natur zugleich auch eine Beschäftigung mit der eigenen Seele ist. Diese Bewußtmachung ist ihr hoch anzurechnen!

Und somit ist die Idee der Substanzverwandlung im Sinne einer seelischen Umwandlung des Menschen nicht nur heute noch Inhalt vieler moderner spiritueller Lehren, sondern stellt auch für C. G. Jung die Grundlagen der Tiefenpsychologie überhaupt dar. Jung fand heraus, daß sich in den Tiefen des Unbewußten Prozesse vollziehen, die in erstaunlicher Weise denjenigen eines geistigen Werkes gleichen, wie es die Alchimisten vollzogen.

Das Große Werk

»Denn diese Wissenschaft führt den Menschen aus dem Elend dieser Welt hinaus und bringt seinen Geist zu der Erkenntnis von anderen, guten Dingen zurück, die wir nach dem Leben erwarten können«, schreibt Morienus im 11. Jahrhundert in seinem Traktat *Über das Wesen der Alchimie*, das Robert von Chester 1182 ins Lateinische übersetzte.[85]

Man braucht nur die einschlägige Literatur der großen Alchimisten des Mittelalters zu lesen: Basilius Valentinus, Michael Maier, George Riplaeus, Thomas Norton oder Robert

Fludd. Vordergründig handeln ihre Bücher von der Herstellung von Gold. Aber wenn man dann erfährt, daß ein Alchimist in seiner Abgeschiedenheit fast sein ganzes Leben mit der Suche nach dem »Stein der Weisen« verbringt, fragt man sich, ob ihn dabei allein die Hoffnung auf materiellen Nutzen motiviert hat. Jahrzehntelang laboriert und leidet er allein in seiner »Alchimistenküche« und nimmt zahllose Entbehrungen auf sich. Aber dann plötzlich hebt sich vor seinen Augen das Dunkel der Nacht, und die langersehnten Strahlen des aufdämmernden Morgens führen ihn an das Bewußtsein des Adepten heran. Er hat sein Ziel erreicht.[87]

Nachdem er das Innere der Materie erforscht hat (Visita Interiora Terrae Rectificandoque Invenies Occultum Lapidem – Erforsche das Innere der Erde, und, indem Du Dich läuterst, wirst Du den verborgenen Stein finden: Die lateinischen Anfangsbuchstaben ergeben das Wort »Vitriol«, eigentlich die Bezeichnung für schwefelsaures Salz, das in vielen Freimaurerlogen an den Wänden zu lesen ist), stellt der alternde Alchimist mit Freuden fest, daß sich der Geist in seinem Körper verdichtet hat, um die Seele zu verherrlichen. Dabei werden drei Erscheinungsformen unterschieden, in denen sich der »Stein« offenbart:

1. Der »Stein« wird als rotes Pulver beschrieben. Aufgrund seines psychischen Erlebens erkennt der Alchimist, daß er sich in der Hierarchie des kosmischen Geschehens befindet. Diese Hierarchie des Universums ist aus dem »Prinzip des Einen« hervorgegangen: Sie reicht von einer sehr großen geistigen Verfeinerung bis zu einer sehr großen stofflichen Verdichtung. Er begreift sich als ein Teil dieser Hierarchie, aber ein Teil, der aufsteigen kann, denn das All ist beseelt, und die Natur strebt Vollkommenheit an.

2. Der »Stein« zeigt sich als »trinkbares Gold«. Dies ist der

Zustand, bei dem sich Körper und Geist in einem harmonischen Einklang befinden. Der »Stein« wird als Lebenselexier erfahren, das positive, gesundheitsfördernde Kräfte freisetzt. Der Mensch ist als Mikrokosmos die Abbildung des Makrokosmos. Insofern kann der geläuterte Mensch auf der dritten Stufe mit seinem »Gold«, das er ist, alles »Uneine« vervollkommnen.

3. Der »Stein« wird mit Christus gleichgesetzt. Der Alchimist kommt durch die Erfahrung religiöser Visionen zur Erleuchtung und vereinigt sich mit Gott wie die Mystiker.

Das allgemeine Vorurteil

Es hat gerade auf diesem Gebiet unglaublich viele Scharlatane, Hochstapler und Schwindler gegeben. Alchimisten sind in erster Linie Goldmacher – dies wollten gerade die Reichen und verschuldeten Adeligen nur zu gern von ihnen glauben. Edelleute wie Henri, Herzog von Bouillon, haben sich von solchen Gaunern beschwatzen lassen und großzügig Geld gegen angebliches hermetisches Wissen oder magisches »Pulver« eingetauscht. Der französische Herzog von Bouillon begegnete einem selbsternannten Goldmacher und Rosenkreuzer, der behauptete, er würde dieses Geheimnis des Goldmachens großzügig gegen eine bestimmte Summe weitergeben.

Der Trick war stets derselbe: Im Beisein des Herzogs mischte der Schwindler einige Gramm gelbliches Bleioxid mit einer kleinen Menge eines speziellen, angeblich rosenkreuzerischen »Umwandlungspulver« – tatsächlich handelte es sich aber dabei um irgendein rotes Pulver, versetzt mit echten Goldkörnern. Der »Alchimist« erhitzte das Gebräu, murmelte einige Zauberformeln und reichte dem Herzog einen winzigen Klumpen des gelben Metalls. Dieser, verblendet, wollte nur sehen, was ihm scheinbar Reichtum versprach. So kaufte er dem Hochstapler das rötliche Pulver für zwanzigtausend Kronen ab und erkannte erst viel zu spät, daß es vollkommen wertlos war.

Es waren schon äußerst geschickte Taschenspieler, die sich auf die öffentliche Vorführung der Goldverwandlung einließen. Mit Hilfe eines doppelten Bodens im Tiegel oder eines hohlen Rührstabs oder ausgehöhlter Kohle brachten sie heimlich Gold in die geschmolzene Bleimasse, die nachher dem staunenden Publikum als verwandeltes Gold vorgeführt wurde. Besonders geeignet für solche Experimente war vor allem ein Pulver, das man gewann, indem man Gold in Schwefelnatrium löste.

Einer, der diesen Trick viel zu lange erfolgreich anwenden konnte, war Don Domenico Manuel Caetano, auch Conte de Ruggerio genannt. Seine großartigen alchimistischen Betrügereien verblüfften unter anderem den Kurfürsten Max II., Emanuel von Bayern, den Kaiser Leopold I. und den König Friedrich I. von Preußen, bis er endlich entlarvt werden konnte. Der »Star-Alchimist« endete 1709 in Berlin bezeichnenderweise an einem vergoldeten Galgen.

Solche Leute wie dieser Caetano haben dem Ruf der Alchimie am meisten geschadet. Andere wiederum wie Nicolas Flamel (1330–1418), ein französischer Alchimist, der zusammen mit seiner Frau Petronelle das »Große Werk« vollendete, blieben weitgehend unbekannt. Vom Ehepaar Flamel wissen wir, daß die »richtigen« Alchimisten behaupteten, allein durch das intensive Studium der Bücher könne niemand eingeweiht werden. Die Arkana (Geheimnisse) der Wissenschaft wurden aber auch durch die Meister nicht so ohne weiteres enthüllt. Die Früchte der Einweihung reifen nur langsam, weil der Schüler selbst entdecken muß, daß latente Wahrheiten plötzlich offenbar werden und somit Erfahrungen darstellen, die rein persönlich und nicht mitteilbar sind. Denn nichts anderes will uns die

Alchimie lehren, als daß der natürliche Mensch das Samenkorn ist, aus dem der spirituelle Mensch keimen kann. Das stellt zugleich die Regeneration des Menschen im Geiste Gottes aus den materiellen Elementen seines physischen Körpers dar. Dies ist das einzige Gold, das es zu gewinnen gilt.

Eine Variante dieser Umwandlung, bei der das »Elixier des Lebens« gewonnen wird, lebt im indischen Tantra fort, wo allerdings das Elixier oder der »Stein« durch geschlechtliche Vereinigung – mit Hilfe von Mantras, Atemtechniken und Visualisation zur Umwandlung der sexuellen Energie – erlangt werden soll.

13. Martinisten

»Die einzige Einweihung, die ich predige und von ganzer Seele suche, ist die, durch die wir in das Herz Gottes eintreten können und durch die das Herz Gottes in uns eintritt, um eine unauflösliche Ehe einzugehen, die uns zum Freund, zum Bruder und zum Gemahl unseres göttlichen Wiederherstellers macht. Es gibt keine anderen Mittel, um zu dieser heiligen Einweihung zu gelangen, als mehr und mehr in die Tiefen unseres Wesens hinabzusteigen und nicht aufzugeben, bis wir die lebende, belebende Wurzel gefunden haben.«[86]

Dies schrieb Saint-Martin, ein Mystiker und religiöser Erneuerer, der vor allem eine christliche Mystik lehrte, die auf die Kommunion mit der göttlichen Intelligenz abzielt. Das obige Zitat aus Saint-Martins Buch *Irrtümer und Wahrheit* aus dem Jahre 1775 erinnert zum einen stark an die Aussagen mittelalterlicher Mystiker und Mystikerinnen, zum anderen an die spirituellen Alchimisten. Der Orden der Martinisten wurde erst viele Jahre nach Saint-Martins Tod um 1890 von Papus gegründet. Er blieb den christlichen Idealen – Toleranz, Wohlwollen, Verständnis und Liebe – verbunden, auch der Person des Erlösers, wollte aber vor allem das innere Christentum fördern und stärken und stand in seiner hermetischen Zielsetzung der Gralssuche nahe.

Wer war Saint-Martin?

Louis Claude de Saint-Martin kam am 18. Januar 1743 als Kind einer adeligen Familie in Ambroise zur Welt. Er studierte auf

Wunsch seiner Eltern Jura und wurde Advokat. Aber schon bald kehrte er der trockenen Rechtswissenschaft den Rücken und schlug eine Armeelaufbahn ein. Ohne viel Mühe erhielt Saint-Martin ein Offizierspatent bei einem in Bordeaux stationierten Regiment. Wie er schrieb, hatte er dort genügend Zeit für esoterische Studien, mystische Forschungen und antike Philosophie, für die er sich zeitlebens interessierte. In seinem Regiment lernte er jemanden kennen, der Mitglied in einem Geheimorden war. Dieser *Orden der auserwählten Priester (Elus Coens)* war 1767 von dem Portugiesen Martinez de Pasqualis gegründet worden. In bezug auf seine Inhalte und Rituale hatte der Orden viel von den Freimaurern und Rosenkreuzern entlehnt. Vor allem was okkultistische Auffassungen betraf.

Die Person de Pasqualis blieb bis heute rätselhaft. Man weiß nicht sehr viel über ihn, außer daß er 1727 in Grenoble geboren worden war und zahlreiche Kontakte zu freimaurerischen Kreisen gehabt hatte. Saint-Martin war zunächst von den Ideen de Pasqualis begeistert, und dieser ernannte ihn zu seinem persönlichen Sekretär. Saint-Martin wiederum wurde in den Ritus des Ordens eingeweiht und erreichte später den höchsten Grad, den des »Ritterkommandeur vom Rosenkreuz«. Martinez de Pasqualis verließ Frankreich plötzlich im Jahre 1772 und reiste nach San Domingo, wo sich seine Spur im Dunkel der Geschichte verliert. Der von ihm gegründete Orden *Elus Coens* löste sich wenige Jahre später wieder auf.

Ein Jahr bevor de Pasqualis anscheinend grundlos verschwand, hatte sich Saint-Martin bereits von ihm und seinem Orden gelöst. In de Pasqualis einziger, zudem noch unvollendet gebliebener Schrift *Abhandlung über die Re-Integration der Wesen* gibt er eine Reihe von Verfahren an, um sich mit Engeln und himmlischen Mächten in Verbindung zu setzen. Etwas Ähnliches hatte im 13. Jahrhundert der berühmte Astrologe und Magier Petrus de Abano mit seinem *Heptameron der ma-*

gischen Elemente versucht. Darin beschreibt de Abano, wie man die Geister höherer Sphären anruft. Auch de Pasqualis wollte die Re-Integration des Menschen in die göttliche Ebene erreichen. Dabei wollte er sich der Hilfe bestimmter höherer Wesenheiten versichern. Diese vor allem okkulten Praktiken fanden nicht die Zustimmung Saint-Martins. Ihm erschien der Spiritismus als zu gefährlich. Viel lieber zog er solchen Methoden einen inneren Weg vor, den sogenannten Herzensweg.

Herzensweg und Kabbala

Saint-Martin vermochte zu seiner Zeit sowohl das einfache Volk wie den Adel durch seine Person zu beeindrucken. Er war sehr beredt, kannte sich in Philosophie und den hermetischen Wissenschaften bestens aus, meditierte über das kosmische Bewußtsein, gab sich stets liebenswürdig, hilfsbereit, aber auch geheimnisvoll.

»Er wurde zum Abgott der französischen Gesellschaft, aber sein Tun hatte nur ein einziges Ziel: Er wollte das Denken der Menschen von einem vergänglichen, oberflächlichen Dasein auf die Wirklichkeiten des Lebens lenken; er wollte für die Mystik, die Philosophie und die Geheimnisse des Abendlandes Interesse wecken.«[87]

Bewußt wollte er den westlichen Weg der Einweihung gehen, und diese war für ihn nun einmal christlich. Saint-Martins »Herzensweg« ist die Art und Weise, wie sich Mystiker Gott nähern, sich in ihn versenken, damit Gott in der Seele, wie es Meister Eckhart ausdrückt, geboren werden kann. Saint-Martins Bücher tragen Titel wie *Natürliche Übersicht über die Zusammenhänge zwischen Gott, Mensch und Welt, Ecce Homo* oder *Das Krokodil oder der Kampf zwischen Gut und Böse.*

In all seinen Werken blieb Saint-Martin dem Geist der Evangelien verhaftet. Später schrieb der Gründer des *Martinisten-Ordens*, Papus (Pseudonym des französischen Arztes Gérard Analect Vincent Encausse (1865–1916): »Ein Martinismus, der nicht Christus, dem einzigen Retter und Versöhner, dem fleischgewordenen Wort treu ist, ist nicht vorstellbar.«[88]

Hierbei fand dennoch eine ganz klare Abgrenzung etwa zum Katholizismus statt: »Der Katholizismus gehört in den Bereich der Zeit; das Christentum ist ewig.«[89]

Diesen Satz könnte wohl auch der Begründer der Anthroposophie, Rudolf Steiner, unterschreiben.

Von de Pasqualis war Saint-Martin in kabbalistisches Gedankengut eingeweiht worden. So betrachtete er die hermetische Wissenschaft von den Zahlen als reinsten Ausdruck für die Intelligenz der Mysterien des Universums. »Je höher wir stehen, desto einfacher wird das Rechnen ... schließlich kommen wir an einen Punkt, an dem Zahlen Dinge in Aktivität und Dinge Ausdruck der Zahlen sind.«[90]

Die Kabbala selbst ist jüdischen Ursprungs und behandelt die ersten fünf Bücher Mose. Die Martinisten schätzten diese jüdische Geheimlehre deshalb so sehr, weil sie ihnen ein tieferes Verständnis für die heiligen Texte erlaubte. Auf der esoterischen Grundlage der Kabbala entwickelte Saint-Martin eine christliche Lehre. Ihr bedeutender Unterschied zur ursprünglichen: Sie ist ganz auf Christus ausgerichtet.

Die Martinisten gaben für ihre Sichtweise der Heiligen Schrift folgendes Beispiel: Auf griechisch heißt die Taube, die bei der Taufe Jesu im Jordan auf ihn herabkam – Sinnbild des Heiligen Geistes – »peristera«. Ihr Zahlenwert beträgt 801. Die Buchstaben »alpha« und »omega« – Anfang und Ende des griechischen Alphabets – ergeben ebenfalls den Zahlenwert 801. Damit ist nach Auffassung der christlichen Kabbalisten erwiesen, daß sich Jesus mit dem Heiligen Geist identifiziert.

Papus schrieb: »Alle Alchimisten sind Kabbalisten, alle ge-

heimen Gesellschaften oder Sekten, die im Abendland aufge-
treten sind (Gnostiker, Rosenkreuzer, Martinisten oder Freimaurer), lehnen sich an die Kabbala an und lehren mehr oder
weniger ihre Theorien.«[91]

Er erklärte, daß die Heilige Schrift durch die Kabbala einen
dreifachen Sinn erhält:

1. den literarisch-historischen Sinn;
2. den durch moralische Erklärung gefundenen Sinn;
3. den durch mystische Erklärung gefundenen Sinn.

Der letztgenannte Sinn übersteigt die sichtbare, vergängliche
Welt und schwebt in den Sphären des Ewigen, denn »für den
Kabbalisten ist ein hebräischer Buchstabe ein Universum mit
all seinen komplizierten Beziehungen im kleinen und das Universum mit seinen ineinander verketteten Lebensabstufungen
ein kabbalistisches Alphabet.«[92]

Martinistische Symbole

Sehr nahe stehen sich Martinismus und Rosenkreuzertum. In
beiden Richtungen spielt das Dreieck – ein Dreieck bei den
Rosenkreuzern, zwei bei den Martinisten – eine große Rolle.
Es spiegelt die Auffassung von der Dreiteilung des Wesens wieder: Körper, Seele und Geist.

Das Hauptsymbol der Martinisten sind zwei ineinander ver-
schränkte Dreiecke – eins mit der Spitze nach oben, das andere
mit der Spitze nach unten – in einem Kreis, der innen von einem
Sechseck (einem Kristall) berührt wird. Das eine Dreieck ist
weiß, das andere rot – die Farben der Templer. Das Symbol soll
die Aufgabe des Menschen deutlich machen: irdische Prüfungen und die vier Stufen des menschlichen Daseins erfolgreich

zu bestehen, damit der sechseckige Kristall – Stein der Weisen
– den Menschen bereit machen kann, bewußt an der Einheit
des Universums mitzuwirken. Ein Martinist, der diese Stufe erreicht hat, heißt »Geheimer Oberer«.

Maske und Mantel

Zwei weitere martinistische Symbole zeigen, daß dieser Orden
ein wahrer Geheimorden war: Maske und Mantel. Die Maske
wurde bei Zeremonien im Tempel getragen, weil sich die einzelnen Mitglieder untereinander nicht kennen sollten. Die gewöhnliche Persönlichkeit des einzelnen existiert nicht mehr –
nunmehr existierte nur noch das Wesen, das sich von allen
gesellschaftlichen Zwängen freigemacht hatte. Jeder Martinist
wirkte »unsichtbar« in der Gesellschaft – eine weitere Parallele
zu den Rosenkreuzern. Der Mantel steht für die Weisheit, die
den Träger vor Angriffen schützt. Er symbolisiert die Einweihung, durch die er gewappnet wird, um feindlichen Kräften von
außen wirkungsvoll zu begegnen.

14. Kabbalisten

Bereits die alten Ägypter glaubten, daß dem Wort eine zwingende Schöpferkraft innewohnt. Für sie ist jeder einzelne Name übersetzbar und bedeutungsvoll, was bei unseren heutigen Eigennamen nicht mehr in jedem Fall zutrifft. Es genügte in der Antike den Namen zu kennen, um damit Macht über seinen Besitzer zu erhalten.

Auch wir kennen in Westeuropa ähnliche Vorstellungen. Man denke nur an das deutsche Märchen vom *Rumpelstilzchen*, einem zauberkräftigen Naturdämon, der einem Menschen zu Willen sein muß, sobald dieser seinen Namen ausspricht. Im alten Ägypten bedeutete die Kenntnis des wahren Namens Macht. Wußte man ihn, so war es möglich, jemanden zu verfluchen, ja, sogar zu vernichten. Denn hinter jedem Ding oder Wesen steht eine Idee, die dieses Wesen oder Ding formt; überhaupt wird seine Erschaffung erst möglich aufgrund der Tatsache, daß es einen wahren und gleichzeitig verborgenen Namen besitzt.

Zauberformeln, Gebete, Beschwörungen ziehen ihre Kraft aus solchen Vorstellungen. Viele Schöpfungslegenden fangen mit einem Wort Gottes an, das die Schöpfung einleitet. Dies gilt beispielsweise für den Gott Ptah in Ägypten, für die Götter Alt-Sumers, für den hebräischen Gott.

Die Vorstellung, daß es ein geheimes Schöpferwort gibt, das niemals preisgegeben werden sollte, findet sich auch in der jüdischen Kabbala, die ihre letzte Ausprägung um das Jahr 500 n. Chr. erhielt.

Aber auch die asiatischen Lehren kennen Wortmagie: Die Silbe »Om«, summend intoniert, faßt alle Klänge des Universums zusammen. Und durch die Macht von »Mantras« – kurze Verse – die stereotyp wiederholt werden, wird die Konzentration bei der Versenkung günstig beeinflußt.

»Mantras sind in Wirklichkeit eine Anrufung. Hierbei kommt es nicht auf den Sinn der Worte und auf den Geist, der in sie hineingelegt wird, an; denn jeder Ton hat seine bestimmten Schwingungen, die gleichartige Tonwellen im Äther erzeugen und sich mit den ihnen ähnlichen geistigen Wellen verbinden«, schrieb der freimaurerische Theosoph Franz Hartmann.[93] Er warnte zugleich davor, daß das Artikulieren von Mantras durch Uneingeweihte gefährlich sei. Kabbalisten warnen seit jeher davor, die Macht der heiligen Worte zu unterschätzen oder gar zu mißbrauchen.

Was versteht man unter der Kabbala?

Zur Kabbala gibt es ein schönes Zitat in Gustav Meyrincks Roman *Der Golem:* »Glauben Sie denn, unsere jüdischen Schriften sind bloß aus Willkür nur in Konsonanten geschrieben? Jeder hat sich selbst die geheimen Vokale dazuzufinden, die ihm den nur für ihn allein bestimmten Sinn erschließen – soll nicht das lebendige Wort zum toten Dogma erstarren.«[94]

Die Kabbala (wörtlich: »Überlieferung«, besser: »Offenbarung« oder »Enthüllung«) zog die nachhaltigsten Veränderungen im theologischen Denken des Judentums nach sich. Die Grundlehren der Kabbala versuchen das geheime Wesen Gottes zu beleuchten und die kosmologische Struktur der Welt zu erkennen. Kabbalisten sehen Gott als verborgenes Absolutum und als geoffenbarte Urform und Kraft alles Wirklichen.

Im 13. Jahrhundert wurde die Kabbala in Spanien, vor allem durch ihr Hauptwerk *Sefer ha-Sohar* neben den Büchern *Sefer Jetzirah* und *Bahir* zum dominanten Ausdruck jüdischer Spiritualität. Die Anfänge der Kabbala reichen jedoch bis ins 5. nachchristliche Jahrhundert zurück. Die Kabbala wurde von Juden erdacht, geschrieben und ausgelegt, besitzt aber eine universelle Dimension, aus der sich auch eine christliche Kabbala (bei den Martinisten) entwickeln konnte.

Die Kabbala bietet dem Eingeweihten die Möglichkeit, die Geheimnisse des Gesetzes (Thora) zu verstehen und zu erklären. Sie gibt ihm gleichsam einen Schlüssel an die Hand, mit dessen Hilfe er die Bindeglieder zwischen Mensch und Universum, zwischen Geschöpf und Schöpfer erkennen kann. Diese Bindeglieder werden als Kräfte aufgefaßt, durch die die Schöpfung auch durch den Menschen geformt werden kann, wenn er imstande ist, sich diese Kräfte dienstbar zu machen. Hierzu müssen bestimmte Mächte, »Engel« oder »Genien«, angerufen werden.

Die Kabbala ist eine Geheimlehre, die größtenteils aus dem Mittelalter sowie aus früheren, von der Gnosis beeinflußten Perioden stammt. In der Zeit des osteuropäischen Chassidismus des 18. Jahrhunderts wurde die Literatur der Kabbala erweitert und neu interpretiert. Das wichtigste Buch bleibt jedoch der *Sohar* und sein System der zehn Sephirot. Diese zehn Sephirot-Grundzahlen, Bezeichnungen für das innergöttliche Schöpfungs- und Erlösungswirken, aber auch das innergöttliche, dynamische Wirken – bilden den metaphysischen »Raster« der Kabbala. Sie werden die zehn Emanationen (Ausflüsse) Gottes genannt.

Dabei ist für das Verständnis dieses »Rasters« wichtig, daß die Schöpfung als ein Akt göttlicher Magie verstanden wird, welcher durch die Verwendung der Buchstaben des hebräischen Alphabets symbolisiert ist. Allerdings sind diese Buchstaben mehr als bloße Symbole; sie sind die kreativen Kräfte des Universums. Durch Namen und Rituale werden alle Mächte geweckt und wiedererweckt, heißt es im *Sohar.*[97]

Dies bedeutet, daß der Kabbalist durch seine rituelle Handlung die innere spirituelle Kraft evoziert, die sich in konkreten Symbolen manifestiert. Dies ist die wichtigste Voraussetzung der Lehre der Kabbala: Der Glaube, daß alles Gott ist, vom Höchsten bis zum Niedrigsten, und daß nur unsere begrenzte Wahrnehmungsfähigkeit uns daran hindert, dies zu erkennen. Für den Kabbalisten ging das Paradies oder das Leben in der Seligkeit Gottes niemals verloren. Vielmehr leben und bewegen wir uns darin, ohne uns dessen bewußt zu sein.

Einige bemerkenswerte kabbalistische Beispiele

Das nachfolgende Beispiel zeigt, von welcher Art die verborgenen Bedeutungen sind, die die Kabbalisten in ihrem Umgang mit Buchstaben, Wörtern und Zahlen sehen. Gott ist im hermetischen Denken die »Eins«, weil er Ursprung und Anfang von allem ist.

»Eins« oder »Einheit« heißt auf hebräisch »achad«. Dies buchstabiert sich wie folgt: Aleph (1) + Cheth (8) + Daleth (4)

Der Zahlenwert errechnet sich durch einfache Addition, es ergibt sich die Zahl 13.

Das Wort »ahavah« bedeutet Liebe und wird folgendermaßen buchstabiert: Aleph (1) + Heh (5) + Beth (2) + Heh (5).

Der numerische Wert ist ebenfalls 13.

Die Kabbalisten folgerten daraus, daß Liebe und Einheit wesensgleich sind. Mehr noch: Addiert man sie zusammen, so ergibt sich die Zahl 26. Dies ist aber genau der numerische Wert des Namens YAHWE, Gott.

Deshalb erklären die Kabbalisten, daß Gott, der die Einheit ist, zugleich auch die Liebe ist und nur durch sie allein wirkt. Seine Natur ist somit Einheit in Verbindung mit Liebe.

Was aber bedeutet diese Erkenntnis für die Erschaffung der

Welt und des Menschen? Liebe drängt ihrem Wesen nach, sich etwas oder jemandem zuzuwenden. Wenn also Gott Einheit und Liebe ist, so ist es verständlich, daß er die Welt und die Menschen geschaffen hat, um sich selbst ein Objekt der Liebe zu geben. Im Wesen Gottes ist also die Dualität schon angelegt.

Ein zweites schönes Beispiel, das Israel Regardie in seinem Buch *Die Elemente der Magie* angibt, betrifft das lateinische Wort »Amen«. Ursprung und Sinn dieses Wortes, das nicht nur von Christen, sondern auch von Juden benutzt wird, liegen im dunkeln. Man übersetzt es gewöhnlich mit: »So sei es!«

Für die Kabbalisten ist es jedoch von jeher eine beschwörende Bitte an Gott. Wie kommen sie zu dieser Auffassung? Regardie schreibt: »Die Buchstaben dieses Wortes, Aleph, Mem und Nun, sind gleichzeitig die Anfangsbuchstaben dreier hebräischer Wörter, die mit Gott in Verbindung gebracht werden. Die wahre Bedeutung von »Amen« wäre demnach »Herr, getreuer König«.[95]

Der numerische Zahlenwert des Wortes »Amen« – wenn man bei der hebräischen Schreibweise Aleph, Mem und Nun bleibt – ist 91; seine Quersumme ist 10.

Somit wären wir wieder bei den zehn Sephirot angelangt. Die zehn Emanationen Gottes lauten:

1. Kether (Krone) 2. Chockmah (Weisheit) 3. Binah (Verstehen) 4. Chesed (Gnade) 5. Geburah (Strenge) 6. Tiphereth (Schönheit) 7. Nezach (Sieg) 8. Hod (Herrlichkeit) 9. Jesod (Grundlage) 10. Malkuth (Königreich)

Die 91 besteht aus der Eins und der Neun. »Krone« und »Grundlage«. Beide ergeben kabbalistisch die zehn. Die zehn ist aber Malkuth – das Königreich, die letzte, von Gott ausgehende Emanation. Wer also »Amen« sagt und denkt, der ruft Gott in seinem Reich an.

Ein anderes Beispiel für die Macht der Zahlen und der Buchstaben finden wir bei dem Gnostiker Monoimos, der auch der »Araber« genannt wurde. Generell kann man sagen, daß die kabbalistische Zahlenlehre die gnostische Auffassung von der Zahl wiederaufleben läßt. Zahlen sind hier wie dort Repräsentanten von Einzelaspekten der Ur-Eins, also von Gott. Für den Kabbalisten sind die Zahlen »Sphären«, »Ganzheiten« des unerkennbaren Ur-Einen.

Auch in der Lehre des Monoimos' aus dem zweiten nachchristlichen Jahrhundert geht es wie bei den späteren Kabbalisten um den vollkommenen Menschen. Bemerkenswert ist vor allem, wie Monoimos »erleuchtet« wurde. Er hatte nämlich den einen besonderen Buchstaben des griechischen Alphabets – das Jota – »betrachtet« und wußte von da an alles, was es zu wissen gibt. Der Gnostiker schreibt: »Betrachte als großes Bild des endgültigen Menschen ein Jota. (Das Jota ist der kleinste Buchstaben im griechischen Alphabet und zugleich das Zahlzeichen für 10!) Das Jota ist ein Strich, ein nicht zusammengesetzter einfacher Strich. Eine reine Einzigkeit! Sie scheint in gar nichts zusammengesetzt zu sein. Und doch ist sie zusammengesetzt. Ist vielgestaltig, vielfach zerteilt, aus vielen Teilen bestehend.«[96]

In der Tat ist die Zehn der Abschluß der Reihe der arabischen Zahlen und, wenn man die Null eliminiert, zugleich der Anfang von Zahlen und Ideen.

Ein weiteres Beispiel macht deutlich, daß ein Kabbalist jederzeit in der Lage war, Aussagen, die den Bereich der Religion betrafen, auf ihren tieferen Sinn und ihren Wahrheitsgehalt hin zu überprüfen. Mehr noch: Er allein konnte mit seiner Methode in das Mysterium vordringen.

In alten gnostischen Schriften mochten die Kabbalisten darauf gestoßen sein, daß bestimmte Gruppen von Gnostikern, wie die Peraten oder die Ophiten, den Messias mit einer Schlange gleichsetzten. Ja, die Peraten gingen sogar soweit, den historischen Jesus als eine spezielle Inkarnation der allgemeinen Schlange zu betrachten. Die Schlange symbolisierte für sie nicht das Böse, sondern die Einsicht und Unterscheidung von Gut und Böse. Insofern bezeichneten sie sich selbst stolz als »Schlangenmenschen«, zu welchen sie auch Jesus zählten.

Was machten die Kabbalisten mit diesem Vergleich: Schlange – Messias?

Sie überprüften ihn folgendermaßen: Das hebräische Wort für Schlange lautet »nachosh«: Es wird in der bekannten Weise analyisert: N = Nun = 50; CH = Cheth = 8; Sh = Shin = 300; die Summe ergibt 358.

Danach wird mit dem Wort für Messias, »meschiah«, ebenso verfahren: M = Mem = 40; Sh = Shin = 300; Y = Yod = 10; CH = Cheth = 8; die Summe ist ebenfalls 358.

Daraus wird gefolgert, daß es zwischen der Schlange und dem Messias tatsächlich eine Übereinstimmung gibt. Im Anschluß wird nach der kabbalistischen Methode die Zahl 358 durch Bildung ihrer Quersummen zuletzt auf eine Zahl zwischen eins und zehn, hier also auf sieben, reduziert.

Diese Zahl in Verbindung mit der Vorstellung, daß der Messias eine Schlange ist, verweist auch auf die Kundalini-Schlange, die gemäß den Vorstellungen des Tantra-Yoga an der Basis der Wirbelsäule ruht und geweckt werden kann. Das »Aufrollen« der Kundalini ist die Bewegung der Schöpfung. Wenn sie geweckt wird und durch alle sieben Chakras von unten nach oben fließt, gelangt der Mensch zum kosmischen Bewußtsein. Zuletzt aber, im siebten Kronen-Chakra, vereinigt sich der Mensch mit der höchsten Einheit – mit Gott.

Für die Kabbalisten gehören also Schlange und Messias tatsächlich zusammen; durch die sich ergebende Zahl Sieben wird der voll erwachte Mensch symbolisiert. Allerdings zeigt sich so auch, daß der Messias nicht mehr und nicht weniger als ein Erleuchteter ist – jemand, der die Gnosis hat. Und kein himmelfernes Wesen! Die »Schlangenmenschen« hatten also recht gehabt mit ihrer Gleichsetzung.

Die Kabbala mag auf manchen wie eine verblüffende und intelligente Spielerei wirken, aber sie ist weitaus mehr als das. Sie setzt einfach die Idee einer vorgegebenen Unendlichkeit, welche eine vollkommene Ordnung enthält, voraus – und nur die ist für ihn allein in Zahlen und Buchstaben faßbar.

Zur Interpretation des Pentateuch – die fünf Bücher Mose – bedienen sich die Kabbalisten des *Sefer ha-Sohar* (Buch des Glanzes). Sein Inhalt wurde in vier Gruppen eingeteilt: praktisch, buchstäblich, nicht-schriftlich und dogmatisch. Der *Sohar* wurde im 13. Jahrhundert vermutlich von dem spanischen Juden Mose ben Schemtow de Léon geschrieben und führt den Schüler auf immer höhere Verständnisebenen.

Man kann den Sohar auch als Führer für die geistige Reise betrachten. Der spirituelle Aufstieg mit Hilfe der zehn Sephirot, die auch symbolisch als »Lebensbaum« dargestellt werden, beginnt in der sichtbaren Schöpfung und endet bei der Ur-Eins, dem »Unaussprechlichen Namen«. Dieser Aufstieg ist nicht intellektuell zu verstehen, er endet vielmehr in der Ekstase, der mystischen Einswerdung mit Gott, die zugleich Selbsterkenntnis ist.

Mystik als Geheimlehre

Jüdische Mystik ist eine Geheimlehre, die nichts mit der christlichen Mystik gemein hat. Der Kabbalist ist zur Verschwiegenheit und Geheimhaltung verpflichtet. Nicht Versenkung und Vereinigung mit Gott stehen im Zentrum kabbalistischer Praxis, sondern wahre Erkenntnis der Emanationen des Ur-Einen, der das Ich ist, das im Herzen aller Wesen ruht. Und obwohl die jüdischen Kabbalisten zu allen Zeiten sehr darauf bedacht waren, kein »Jota« von ihrem geheimen Wissen nach außen dringen zu lassen, konnten sie trotzdem nicht verhindern, daß dies

gegen ihren Willen geschah und europäisches Denken berei-
cherte.

Elemente der Kabbala lassen sich bei den Alchimisten, den
Freimaurern und vor allem bei den Rosenkreuzern wiederfin-
den. Bei letzteren hat sich besonders der englische Rosenkreuzer und Kabbalist Robert Fludd hervorgetan. Er brachte die
zehn Gottesnamen der jüdischen Kabbala mit den zehn Sephirot in Verbindung. Mit jedem der zehn Namen ging, so
Fludd, zugleich eine Unzahl dämonischer Wesenheiten einher,
die durch magische Praktiken anzurufen und in den Dienst des
Menschen zu zwingen waren, wenn sie vorher namentlich er-
faßt werden konnten.

Bei den Martinisten, jenem Orden, der den Freimaurern na-
hesteht, ist die christliche Kabbala wesentlicher Inhalt ihrer Suche. Die Vorstellung, vom Ur-Einen durch Himmel oder
Sphären getrennt zu sein, und daß man zu diesem Ur-Einen
wieder aufsteigen kann, ist vermutlich alte hermetische Tradition und erinnert an die schamanistische Praxis des Seelenflu-
ges. Der Kabbalist Moses Cordovero schrieb: »Daher sind die
Geschöpfe in dem Maße vollendet, indem sie mit ihm, der
Quelle ihres Seins, vereint sind, und je weiter sie sich von dieser Quelle entfernen, desto mehr ermangeln sie dieses vollkommenen und erhabenen Zustandes.«[97]

Dieser »Mangel« wird durch den »Aufstieg« des Seelenkör-
pers wieder behoben. Die Vorbereitungen dazu bestanden in
langen Fastenübungen, Gebeten und hymnischen Gesängen.
Auch dies erinnert an schamanistische Praktiken.

Die Dinge der Welt, sagen die Kabbalisten, haben ihre Form
allein in den zehn Sephirot. Wer durch sie, gleichsam auf einer
»Himmelswanderung« wieder aufsteigt, wird so von der Viel-
heit zur Einheit gebracht. Im Blitz des Augenblicks schlägt dem
Ich die Ewigkeit entgegen – und, wie Martin Buber schreibt,
»wesenlos ist es der Fülle ausgeliefert«. Augenblick und Ewig-

keit fallen in eins zusammen; Einheit und Fülle werden paradoxerweise ebenso erfahren.

Die Lehre vom Zimzum

Die kabbalistische Lehre vom Zimzum wurde nur wenig bekannt, doch sie vertritt einen interessanten philosophischen Standpunkt, der hier kurz erwähnt werden soll.

Die Kabbalisten sagen, daß nichts anderes außer Gott existiert. Wie aber ist dann die unvollkommene Schöpfung und das Böse in der Welt erklärbar?

Gott, so erfahren wir in den geheimen Schriften der Kabbala, hat sich dafür selbst zurückgenommen. Zimzum bedeutet nämlich nichts anderes als Kontraktion, und indem Gott sich auf diese Weise zurücknahm, schuf er Raum für das empirische Sein. Dieses wiederum stellt deshalb auch nicht das lichte vollkommene göttliche Sein dar, was zur Folge hat, daß die Welt an sich unvollkommen ist. Aber die Kabbalisten sagen auch, daß »alles, was in Gott bislang noch verborgen ist, einmal zu seiner vollständigen Manifestation gelangen soll.«[98]

Ein Gott in Entwicklung also!

Auf dieser gedanklichen Grundlage hat nun der Kabbalist Nathan von Gaza eine bemerkenswerte These vertreten. Er formulierte um das Jahr 1670, daß in Gott von jeher zwei Lichter brennen: das »gedankenvolle« und das »gedankenlose«. Das aktive und gedankenvolle Licht hatte die Vorstellung von einer Schöpfung entwickelt, während in dem in sich versunkenen passiven und gedankenlosen Licht diese Vorstellung nicht vorhanden ist. Die Akte des Zimzum finden also nur im »gedankenvollen« Licht statt, während das »gedankenlose« Licht allein durch sein teilnahmsloses Vorhandensein diese Schöpfungsakte hemmt.

»Der Urgrund des Bösen ist ein Element in Gott selber, das sich der Schöpfung versagt«, schreibt Nathan von Gaza.[99] Und somit ringen zwei Aspekte ein und derselben Gottheit miteinander und bilden den ganzen kosmogonischen Prozeß. Und dieser Prozeß wird erst zu Ende sein, wenn das gedankenvolle Licht auch den Bereich des gedankenlosen Lichts, das sich der Schöpfung versagt, gestaltet hat.

Blütezeit der Kabbala

Ihre Blütezeit erlebte die Kabbala in Westeuropa zwischen dem 13. und 15. Jahrhundert. 1492 wurden die Juden aus Spanien vertrieben. Die Kabbala – nun vor allem mit christlichen Inhalten versehen – gewann aber in der Folgezeit gerade deshalb viele Anhänger, weil ihr Grundgedanke die Einheit von Heidentum, Judentum, griechischer Philosophie und Frühchristentum war. Darüber hinaus besaßen ihre magischen und astrologischen Elemente eine große Anziehungskraft auf eine von Kriegen und religiösen Auseinandersetzungen »vergiftete« und unüberschaubar gewordene mittelalterliche Welt. Die Kabbalisten glaubten unter anderem, daß jedes Ding mit einem bestimmten Planeten in Verbindung stehe, dessen Kräfte man sich durch die Förderung der ihm zugeschriebenen Leidenschaften oder Gefühle nutzbar machen könne. Der Kirche war die Kabbala von Anfang an ein Dorn im Auge. Sie stellte sie als Teufelswerk dar, als schwarze Magie. Die Kabbala wurde zum Ausdruck des Bösen stilisiert. Mit dem Wort »Kabale« bezeichnete man damals eine geheime Verschwörung.

Dennoch wurde das Andenken der Kabbala weitergeführt. Pico della Mirandola und Cornelius Agrippa waren zwei mystische Gelehrte, die die kabbalistische Weltanschauung in Europa förderten. In der Mitte der fünfziger Jahre des 19. Jahrhunderts setzte sich der Franzose Eliphas Lévi, der sich mit seinem Werk *Transzendentale Magie – Dogma und Ritual* einen Namen gemacht hatte, erneut mit der Kabbala inhaltlich auseinander. Er brachte sie mit den Karten des Tarot in Verbindung. Lévi behauptete, daß es eine Verbindung zwischen den 22 Buchstaben des hebräischen Alphabets, den 22 Trümpfen des Tarotdecks und den 32 Pfaden im kabbalistischen Baum des Lebens gäbe. (Die 32 Pfade ergeben sich aus den 22 Buchstaben und den 10 Grundzahlen.) Die Entschlüsselung ihrer Bedeutung, so Lévi, enthülle die Geheimnisse des Lebens.

Seit dieser Zeit wurde die Kabbala immer wieder mit dem Tarot in Verbindung gebracht. Zwei ihrer prominentesten Vertreter waren Aleister Crowley – auch der »Gottlose« oder das »Biest 666« der Apokalypse genannt – und der Magier Israel Regardie, berühmtes Mitglied des Geheimordens *Golden Dawn*.

15. Illuminaten

Wir gehen nicht auf unseren Füßen, sondern auf unserem Willen. (Sufi-Sprichwort)

In den Statuten der bayerischen Illuminaten von 1781 verpflichten sich die Begründer dieses Geheimordens, »so geheim wie möglich zu bleiben, denn was immer verborgen und verschwiegen ist, übt eine besondere Anziehungskraft auf die Menschen aus; es zieht das Interesse von Außenstehenden an und fördert die Verbundenheit der Eingeweihten.«[100]

In den siebziger Jahren unseres Jahrhunderts machte eine Trilogie der beiden amerikanischen Autoren Robert Anton Wilson und Robert Shea in Amerika und in fast allen westeuropäischen Ländern Furore. Viele dachten damals, es würden zum ersten Mal spektakuläre Geheimnisse der Illuminaten verraten werden. Monatelang stand deshalb ihre *Illuminatus-Triloge* ganz oben auf den internationalen Bestsellerlisten. Unglaublich viel wurde aus den drei Büchern herausgelesen und in sie hineingeheimnist. Wilson selbst bezeichnete sein Werk Jahre später einmal als den »offenkundigsten anarchistischsten Roman dieses Jahrhunderts«, mit dem er dem Staat das anzutun versucht habe, was Voltaire einst den Kirchen angetan hatte.

Mit ihrem Bestseller über das Phänomen des Sternbildes Sirius und die damit verbundenen Rätsel in der Menschheitsgeschichte, über den Magier Aleister Crowley und seinen *Magick*, über Synchronizitätsphänomene, wie C. G. Jung sie beschrieb, über die immer und überall wiederauftauchende Zahl 23, über den verborgenen Illuminatenorden und andere Geheimbünde, legten sich die beiden Autoren allerdings weniger mit dem nordamerikanischen Staat an, als mit bestehenden Geheimorden.

Wilson schreibt darüber in seinem Buch *Cosmic Trigger:* »Ich habe auch ein Jahr lang mit einem Freimaurer des 33. Grades aus Texas korrespondiert. Einerseits denke ich, er sei das wirkliche Haupt der Illuminaten. Andererseits glaube ich manchmal, daß er denkt, ich sei das wirkliche Haupt.«[101]

Der bayerische Illuminatenorden

Angefangen hat alles in Deutschland. Am 1. Mai 1776 gründete der ehemalige Jesuit Adam Weishaupt, Professor für Kirchenrecht an der Universität von Ingolstadt, eine als Illuminatenorden bezeichnete Geheimgesellschaft innerhalb der bereits bestehenden Freimaurerlogen Deutschlands. Neun Jahre später wurde dieser Orden von der bayerischen Regierung verboten, weil er angeblich an einer Verschwörung zum Sturz aller Könige Europas sowie des Papstes beteiligt wäre. Viele Illuminaten wurden verhaftet. Besonders die bayerischen Jesuiten bekämpften den Geheimorden, sie behaupteten später sogar, daß auch die Französische Revolution ihr Werk gewesen sei und setzten ein wahres Kesseltreiben gegen seine Mitglieder in Gang. Weishaupt mußte nach Regensburg fliehen. Beamte wurden entlassen, die mit den Illuminaten sympathisiert hatten, Geistliche wurden versetzt. 1785 erlosch das öffentliche Wirken des Illuminatenordens. Nach 1790 verlieren sich für mehrere Jahrzehnte in Europa seine Spuren.

Wer waren diese verteufelten Illuminaten, zu deren Mitgliedern sich so illustre Persönlichkeiten wie Johann Gottfried von Herder, Freiherr von Knigge, Herzog Ferdinand von Braunschweig, Johann Wolfgang von Goethe – insgesamt mehr als zweitausend Männer aus allen Gesellschaftsschichten, sogar

Minister, Bischöfe und Fürsten zählten? Darüber hinaus bildeten sich Logen in Rußland, Frankreich, Schweden, Dänemark und Amerika. Was wollten diese »Erleuchteten«? Adam Weishaupt schreibt in einem Brief an seine Logenbrüder: »Mein Ziel ist, der Vernunft endlich Rechnung zu tragen. Als Nebenzweck betrachte ich unsern Schutz, Macht, sicheren Rücken vor Unglücksfällen, Erleichterung der Mittel zur Erkenntnis und Wissenschaft. Am meisten suche ich diejenige Wissenschaft zu betreiben, die auf unsere allgemeine oder des Ordens Glückseligkeit Einfluß haben und die entgegengesetzte aus dem Weg zu räumen. Sie können sich wohl denken, daß wir es mit ... Intoleranz ... zu tun haben.«[102]

Die Illuminaten waren fortschrittsgläubige Demokraten, die zum einen das herrschende System in Frage stellten, indem sie eine weltbürgerliche Gesinnung verbreiteten, zum anderen vor allem gerade in Deutschland freie und unabhängige Wissenschaften forderten. Vom Rosenkreuzerorden wurden sie unter anderem deshalb bekämpft, weil die Illuminaten auch die Gedanken der Aufklärung vertraten. Von Adam Weishaupt wurde behauptet, er sei Atheist, kabbalistischer Magier, Anarchist, Mystiker und auch »enthusiastischer Philantrop«, wie ihn Thomas Jefferson, Schöpfer der amerikanischen Unabhängigkeitserklärung, bezeichnete. Woher Jefferson von den Ideen Weishaupts wußte? In *The Secret Societies of All Ages and Countries* des Amerikaners Heckethorn wird in einer knappen Anmerkung erläutert, daß der bayerische Illuminatenorden *Phi Beta Kappa* am 5. Dezember 1776 in den Vereinigten Staaten gegründet worden sei. Sein Motto lautete: »Philosophie ist das Gesetz des Lebens«. Ihren Moralbegriff leiteten diese Illuminaten von Weißhaupts Vorstellungen ab, der erklärt hatte: »Die Moral ist die Kunst, welche die Menschen lehrt, in ihr männliches Alter zu treten und die Fürsten zu entbehren.«[103]

Das erwähnte Motto könnte sich von Knigge ausgedacht haben. Freiherr von Knigge wurde neben Weishaupt zum wichtigsten Mann des Ordens. Von Knigge arbeitete ein erweitertes Gradsystem aus, bei dem der »Priester« die höchste Stufe darstellte. Adolf Freiherr von Knigge war 1752 bei Hannover geboren worden. Er war Reisender, Publizist, Lebenskünstler und journalistischer Vielschreiber, je nachdem, ob er gerade Geldsorgen hatte oder nicht. Von Knigge versprach sich durch die Illuminaten Ansehen und Reichtum. Beides erfüllte sich nicht. Er überwarf sich mit Adam Weishaupt, als er von diesem erfuhr, daß er die Ordensrituale niemals selbst ausgeführt hatte, und sagte sich 1784 endgültig von den Illuminaten los. 1796 starb Freiherr von Knigge in Bremen.

Das rituelle System der Illuminaten

Die Illuminaten hatten sich auch eine Geheimsprache zugelegt. So erhielten alle Ordensmitglieder zumeist Namen aus der griechischen Mythologie, die irgendwie zu ihnen passen sollten. Anton Weishaupt hieß »Spartakus«, Herzog Ferdinand von Braunschweig »Aaron« und von Knigge wurde »Philo« gerufen. Bayern wurde in »Achaia« umbenannt. München erhielt die Bezeichnung »Athen« und Ingolstadt, wo der Orden gegründet worden war, wurde »Eleusis« genannt.

Es gab drei Entwicklungsstufen: Novize, Minerval, Erleuchteter Minerval.

Bei der Aufnahme wurden zwei Lichter entzündet; sie bedeuten das Licht des Lebens und das des Geistes. Der Novize fand im rituellen Aufnahmeraum zwei Säulen vor, die Willen und Ausdauer symbolisierte. (Die Illuminaten wollten sich stets eng an die Freimaurer anlehnen, was diesen mal mehr, mal weniger Unbehagen bereitete.) Die zwei Säulen umrahmten eine verschlossene Tür, die keinen Griff hatte, so daß ihre Öffnung ein Geheimnis darstellte. Diese Tür war das Hauptsymbol der Illuminaten. Ein zweites war die Pyramide und das Auge in derselben. Die Pyramide war ein Symbol für den Orden als solchen. Eine bemerkenswerte Vorstellung der Illuminaten betrifft das Verhältnis des Menschen zu Gott. Die Illuminaten pflegten den Grundsatz: »Wie der Mensch ist, so ist sein Gott.«[104]

Ohne eigene Arbeit des Suchenden ist kein Erfolg möglich, sagten die Illuminaten. Dem Novizen wurde nicht mitgeteilt, wie er sich angesichts der Tür ohne Schloß und Griff verhalten sollte. »Wer an diese Pforte klopft, dem wird sie aufgetan; was und wer hinter ihr gefunden wird, das ist das innerste Mysterium der eigenen Seele, das sich offenbaren muß, jedoch niemals von jemandem vorgegeben werden kann.«[105]

Beim Minervalgrad erhielt der Illuminat eine Art von Medaillon aus vergoldetem Metall, das er an einem grünen Band um den Hals trug. Das Medaillon stellte eine Eule dar, die, über den Wolken schwebend und umrahmt von einem Lorbeerkranz, in ihren Klauen ein aufgeschlagenes Buch trug. Vier Buchstaben standen auf den Seiten: P.M.C.V. (Per me Coeci vident – Durch mich werden die Blinden sehen.)

Die Eule galt als Tier der griechischen Göttin der Weisheit, die Pallas Athene. Weitere Symbole der Illuminaten waren der Wasserkrug – er steht für Mäßigung –, der Köcher mit den Pfeilen – er bedeutet Beredtsamkeit –, der Palmzweig, der Frieden und innere Ruhe symbolisiert.

Der Orden der Illuminaten wurde 1896 vom deutschen Historiker Leopold Engel »wiederbelebt«. Anfangs wurde das alte Brauchtum des Ordens übernommen, aber schon bald durch einen neuen Lehrplan und eine andere Organisationsstruktur verändert beziehungsweise erneuert. 1906 gründete Engel in Berlin-Schönefeld die Illuminaten-Loge *Adam Weishaupt zur Pyramide*. Es gab sieben Grade; die letzten drei lauteten: 5. Kleiner Illuminat, 6. Großer Illuminat, 7. Dirigierender Illuminat. (In die höheren Grade wurden nur Freimaurermeister aufgenommen.)

Die Mitglieder trugen bei den Treffen Schürzen und auf der Brust einen goldenen Ordensstern. Innere Einkehr sollte die Illuminaten auf das jenseitige Leben vorbereiten; Gott und Selbsterkenntnis wurde in Form eines Philosophieunterrichts gepflegt. Zweck des neuen Illuminatenbundes war es, »seine Mitglieder zu freien und selbstbestimmenden Persönlichkeiten zu erziehen.«

Im Jahre 1912 entstand eine *Große Illuminaten-Freimaurerloge* für Deutschland. 1925 wurde der *Weltbund der Illuminaten* mit Sitz in Berlin gegründet, der 1933 von den Nazis aufgelöst wurde; sein Besitz wurde beschlagnahmt.

In der Schweiz arbeitet nach wie vor der *O.T.O. (Ordo Templi Orientis)* an den von Engel vorgegebenen sieben Illuminatengraden. Aktive Illuminaten-Logen findet man heutzutage aber vor allem in den USA. Sie wollen im verborgenen wirken, und die bereits erwähnte Roman-Trilogie von Wilson und Shea hatte sie Mitte der siebziger Jahre für einige Zeit aufgeschreckt.

16. Weise Frauen und Hexen

In Südrußland wurden Hexen von jeher »die Wissenden« genannt, »weil sie mehr wissen und sehen, als das gewöhnliche Volk.«

Noch Paracelsus hatte im 16. Jahrhundert den Mut gehabt zu erklären, daß er sein Wissen vor allem von Hexenweibern bezogen habe. Aber schon wenige Jahrzehnte später waren aus den weisen Frauen für Jahrhunderte nur mehr »die Gespielinnen Satans« geworden, gegen die die mittelalterliche Geistlichkeit alles aufbrachte, was es zu ihrer Vernichtung aufzubringen gab.

Blutiger Feldzug gegen die Vertreterinnen uralten Naturwissens

Das deutsche Wort Hexe entwickelte sich aus dem althochdeutschen Wort »hagasuzza«, womit eine Frau gemeint war, die auf einem »hag« – Hecke, Zaun – saß, der hinter den Gärten verlief und das Dorf von der Wildnis abgrenzte. Somit war die Hexe ursprünglich ein Wesen, das an beiden Bereichen der Welt teilhatte: an der Wildnis und an der Zivilisation. Als ein solches Wesen, das über uraltes Naturwissen verfügt, wird die Hexe auch noch heute im außereuropäischen Raum definiert; etwa in Afrika oder in Südamerika. Sie nimmt dort die Stellung einer *Weisen Frau* ein, die Kontakt zur Welt der Geister hat und folglich heilen aber auch Schaden zufügen kann. Das letztere, die Ausübung von Schadenszauber, wurde zu Beginn der Hexenverfolgung als ein zu bestrafender Tatbestand betont. Erst um 1600 wurde die Hexe als jemand gesehen, der einen Pakt mit dem Teufel geschlossen hat.

Wenn man also davon ausgeht, daß die Hexe ursprünglich eine *Weise Frau* oder sogar, wie in der keltischen Kultur, Hohepriesterin war, dann scheint es nicht abwegig, im oft zitierten europäischen *Hexensabbat* Reste heidnischer Kulte zu sehen, die durch die Hexenverfolgungen vernichtet werden sollten. Der Glaube, eine Hexe könne über Naturgeister, über den Teufel, die Schöpfung und ihre Wesen gebieten oder diese gar zwingen, ist der Lehre der Kirche diametral entgegengesetzt und stellt zugleich für die Autorität dieser Kirche eine große Gefahr dar. Aber auch Kenntnisse der Empfängsnisverhütung und der Heilkunde schienen manchen Kirchenmännern als gefährlich. Und die Vorstellung, solche subversiven Frauen könnten sich irgendwo an geheimen Orten treffen und dort gemeinsame Überlegungen anstellen, lösten bei ihnen blanke Panik aus.

Im *Hexensabbat* argwöhnten die Theologen deshalb eine antichristliche Verschwörung, die die abendländisch-christliche Werteordnung untergrub.

Die Geißel der Hexenverfolgung wurde also von der Theologie der christlichen Kirche geflochten, denn die ausgedehnte Verfolgung von Zauberern und Hexen blieb auf jenes Europa beschränkt, das im Spätmittelalter der Autorität des römischen Papstes unterstand. Die Hexenverfolgungen begannen zunächst in Frankreich. Sie erreichten in den letzten beiden Jahrzehnten des 16. Jahrhunderts ihren Höhepunkt. Damals brüstete sich ein einziger Verfolger – Nicholas Rémy – damit, innerhalb seiner zehnjährigen Amtszeit, über neunhundert Hexen verbrannt zu haben.

Die Vernichtung der Hexen, der weisen oder priesterlichen Frauen, wurde systematisch durchgeführt. Insgesamt schätzt man die Zahl der Hinrichtungen von Frauen und Männern, die man der Hexerei für schuldig befunden hatte, auf hunderttausend in ganz Europa. Frauen, die als Hebammen, Ernährungsberaterinnen oder Kräuterfrauen unterwegs und tätig waren und sich dabei auf lebendige Überlieferungen stützten, machten sich von vornherein verdächtig. Die Kirche im Mittelalter erklärte nämlich jede Frau zur vernichtungswürdigen Hexe, die es wagte, die Heilkunde auszuüben, ohne studiert zu haben. Frauen durften aber nicht studieren, wodurch die ganze Infamie offenkundig war. Infolgedessen kam es zu einem regelrechten, bewußt inszenierten Hexenwahn, mit zahllosen Verleumdungen und falschen Anklagen.

Nach Sichtung von Prozeßakten und Aussagen wird man den Eindruck nicht los, daß die Hexenverfolgung eine bewußte Hetzjagd gegen Frauen und ihren Protest gegen die patriarchalische Gesellschaft war. Denn die Vorstellung vom *Hexensabbat* widerspricht den puritanischen Lebensauffassungen des christlichen Mittelalters, bei der alle Lust dämonisiert wurde.

Was wurde den Hexen vorgeworfen?

Ursula Kollarin wurde 1661 im steirischen Gutenhag als Hexe erdrosselt und verbrannt, weil sie erklärt hatte, daß sie gleichsam wie ein Storch geflogen sei, ihr Leib nach Aufstreichen einer bestimmten Hexensalbe fedrig geworden wäre, und »ihr Kopf gleichsam ohne Vernunft gewesen« sei.

Nach obskuren Berechnungen des Dominikaners Silvestro Mozzolino habe »jene neue Sekte« der Hexen und Nachtfahrenden im Jahre 1404 begonnen, unsere Welt heimzusuchen und »in die Lüfte ihre Buhlschaften fortzutragen.«[106]

Und wenn man einer Hexe in die Augen blickt, dann sieht man, so die christlichen Schreiber des Mittelalters, »in der Pupille sein Bild verkehrt herum.«

Insgesamt zählte man 15 »Verbrechen«, die man einer Hexe zur Last legen konnte:

1. die Leugnung Gottes;
2. Gott zu fluchen und andere Blasphemien;
3. dem Teufel Opfer darzubringen;
4. dem Teufel Kinder zu weihen;
5. die Ermordung ungetaufter Kinder;
6. die Verpfändung von ungeborenen Kindern an den Satan;
7. Menschen dem Teufel zuzuführen;
8. im Namen des Teufels Eide zu schwören;
9. der Inzest;
10. die Ermordung von Männern und Kindern zum Zwecke der Herstellung von »Hexenbrühe«;
11. Tote auszugraben; Menschenfleisch zu essen und Blut zu trinken;
12. mit Hilfe von Giften und Zaubersprüchen zu töten;
13. Vieh umzubringen;
14. Hungersnöte zu verursachen, Felder durch Hagelschlag unfruchtbar zu machen;
15. sexuellen Verkehr mit dem Teufel zu haben.

Solche nachtfahrenden Frauen, die sich mit geheimnisvollen Pflanzensalben einrieben, woraufhin ihr Leib in eine Erstarrung verfiel und ihre Seele auf Reisen gehen konnte, mußten für das christliche Mittelalter eine Bedrohung darstellen – schon deshalb, weil sie die herrschenden Vorstellungen, wie Frauen zu sein hatten, untergruben. Die schreckliche Folge war ein wahrer Ausrottungskrieg gegen bestimmte Frauen, der erst im 17. beziehungsweise 18. Jahrhundert abebbte. Offensichtlich sah das christliche Mittelalter in diesen »wilden« Frauen all das verkörpert, »was es selbst aus der Natur herausgeworfen« hatte. Je mehr der Mensch sich als ein Wesen verstand, dessen

Auftrag es war, sich die Natur untertan zu machen, desto mehr mißtraute er auch seinen natürlichen Wurzeln, oder schlimmer, versuchte sie sich auszureißen, mit katastrophalen Folgen für ihn wie für die Erde – bis heute:

Das Bild der Hexe als das eines teuflischen Wesens, als einer häßlichen Vettel mit einem Buckel, die mordet, Gift mischt, Menschen versklavt, sie ihres Willens beraubt, ja sogar Kannibalismus treibt, wurde systematisch verbreitet, um die »wissenden Frauen« ganz aus dem Denken des Volkes heraus in den Bereich des Wilden und Außerzivilisatorischen zu treiben. In einigen Gegenden Europas hat sich trotzdem das Bild der Hexe als das eines Weibes bewahren können, das sich gerade aufgrund seines Kräuterwissens und seiner magischen Künste ein junges und schönes Aussehen erhalten kann.

Der geheimnisvolle *Hexensabbat*

Der Göttinger Volkskundler Will-Erich Peuckert hatte sich nach einem Rezept aus der *Magia naturalis* eine Hexensalbe aus Bilsenkraut, Stechapfel, Sturmhut, Tollkirsche und Mohn hergestellt und sich unter den Achseln und in der Herzgegend damit eingerieben. Er schrieb: »Vor meinen Augen tanzten zunächst grauenhaft verzerrte menschliche Gesichter. Dann plötzlich hatte ich das Gefühl, als flöge ich meilenweit durch die Luft. Der Flug wurde wiederholt durch tiefe Stürze unterbrochen. In der Schlußphase schließlich das Bild eines orgiastischen Festes mit grotesken sinnlichen Ausschweifungen.«[107]

Bei Carlos Castaneda erfahren wir, daß ein »brujo« (mexikanischer Zauberer) nicht fliegt wie ein Vogel, sondern wie jemand, der das »Teufelskraut« genommen hat.

Zweifellos sind auch die europäischen Hexen auf diese Art und Weise »geflogen«. Um überhaupt fliegen zu können, mußten sie laut Kirche zuerst einen Pakt mit dem Teufel schließen. Als äußeres Merkmal der Zugehörigkeit drückte ihnen der Teufel ein Merkmal an irgendeine Stelle des Körpers auf – das sogenannte Teufelsmal – eine Stelle der Haut, an der die Hexen in Zukunft unempfindlich blieben. Es könnte sein, daß den Hexen nach Einnahme von bestimmten Pflanzendrogen wie Mandragora oder Tollkirsche ein Teufel erschien, weil solche Drogen vor allem die »dunklen Seiten« in unser Bewußtsein heben.

Die Versammlungen von Hexen fanden an allen hohen christlichen Feiertagen statt, aber auch in der Johannisnacht und vor allem in der Walpurgisnacht. An den christlichen Festtagen wurde von den Gläubigen insbesondere um Heilung, Fruchtbarkeit und Gesundheit für Mensch und Natur gebetet. Die Hexen, die sich zur selben Stunde an abgelegenen Orten versammelten, traten hingegen angeblich für Unheil, Unfruchtbarkeit und Tod ein. Ihre Treffen fanden jeweils gegen Mitternacht statt und dauerten bis in die frühen Morgenstunden. In solchen Nächten trafen sich die Hexen aus der ganzen Gegend auf bestimmten »Tanzplätzen«, zumeist an abgelegenen Orten, im Wald oder auf einem Berg. Überall in Deutschland gab es Hexenplätze, deren Lage uns heute noch bekannt ist: beispielsweise der Heuchelberg in Württemberg, der Fellerberg bei Trier, der Kreidenberg bei Würzburg oder der Staffelstein bei Hamburg. Am bekanntesten ist nach wie vor der Brocken im Harz.

Die Hexen ritten der Überlieferung nach allein oder zusammen mit anderen Hexen auf einer Mistgabel, einem Reisigbesen, einer roten Katze, einem Geißbock oder einem schwarzen Pferd. Reiche Hexen sollen sogar mit ihren Kutschen geflogen sein. Während ihres Fluges waren die Hexen nackt oder nur teilweise bekleidet, ihr Haar war offen und sie durften sich nicht umdrehen, noch den Namen Gottes aussprechen. Verheiratete Hexen betäubten ihren Mann, bevor sie ausfuhren, oder legten etwas Stroh ins Bett, damit er ihre Abwesenheit nicht bemerkte. Dies brachte eine Zeitlang die Gerichte in Verlegenheit, weil es Männer gab, die erklärt hatten, daß ihre Frauen die ganze Nacht neben ihnen gelegen hätten. Danach wurde unterschieden: Die Hexe war zwar nicht corporaliter auf dem *Hexensabbat* gewesen, aber immerhin spiritualiter, wobei der Teufel ihre Gestalt angenommen hatte.

Der Glaube an den Flug der Hexen war wesentlicher Bestandteil für die Vorstellung eines *Hexensabbats*. Wie sonst hätten die Hexen daran teilnehmen können? Das nächtliche Ausfahren und die sich daran anschließende Versammlung schufen die Möglichkeit, sich kollektiv gegen die christliche Religion zu verschwören. So jedenfalls sahen es die versierten Juristen und Theologen des Mittelalters. Bei dem Treffen selbst kam es, so wurde verlautbart, vor allem zu sodomitischen Orgien, zur Abhaltung der *schwarzen Messe*, zur sexuellen Vereinigung der Hexen mit dem Teufel – und dies alles zu dem Zweck der Unheilstiftung unter den Menschen. Ähnliche Unterstellungen wurden Anfang des 14. Jahrhunderts auch den südfranzösischen Ketzern – Katharern und Waldensern – vorgeworfen. Satansverehrung und sexuelle Orgien spielten in den Prozessen um die Templer ebenfalls eine wichtige Rolle. Es handelt sich also um ein von kirchlicher Seite erprobtes Muster, mit dem die Hexenprozesse »angeheizt« wurden. Vor allem die Vorstellung eines ungebändigten, wollüstigen Vergnügens, das die Hexen bei ihrem Fest erlebten, stellte ihr schwerstes Vergehen dar.

So wurden aus Zauberinnen und *Weisen Frauen* Mitglieder einer Teufelssekte gemacht, die sich ganz in der Gewalt Satans befanden: »In diesem Sinne dient der Hexenprozeß der Unterdrückung bzw. Diskriminierung einer weiblichen Sinnlichkeit und Sexualität, jedes außerchristlichen Kultes und jeder nicht kirchlich sanktionierten Lebensform«, schreibt der Hexenforscher Richard van Dülmen.[108]

Eine wichtige Frage betrifft den »außerchristlichen Kult«. Man muß nämlich bei den Hexen, die als solche beschuldigt und zum Tode verurteilt wurden, zwischen Wissenden und Unwissenden unterscheiden. Viele Frauen und Männer, die wegen angeblicher Hexerei vor Gericht gestellt wurden, hatten kaum oder gar keine Erfahrungen mit außerchristlich-magischen Erkenntnissen. Unter der Folter gaben sie lediglich das wieder, was ohnehin im Volke über Hexen bekannt war. Andere jedoch bekannten sich auch ohne Folter dazu, Hexen zu sein. Diese Frauen besaßen eine langjährige Praxis mit Magie und Zauberei und betrieben diese bewußt, um sich von christlichen Vorstellungen abzuwenden. Es ist zu vermuten, daß sich diese »echten« Hexen trafen, um Versammlungen abzuhalten. Sie allein werden als Hüterinnen uralten magischen Wissens auch die wirksamen Zusammensetzungen für ihre Salben gekannt haben, die ihnen den »nächtlichen Flug« ermöglichten. Auf diese wissenden Frauen, die sich als legitime Nachfolgerinnen der antiken *Weisen Frauen*, den keltischen Hohepriesterinnen – Druidinnen und Dienerinnen der großen Muttergottheiten Kybele und Artemis – betrachteten, beziehen sich die heutigen Hexen, die auch *Wicca* genannt werden.

Moderne Hexen oder der neuheidnische *Wicca*-Kult

Hexen nennen sich heute vor allem Frauen, die sich der in ihnen selbst ruhenden göttlichen Kraft bewußt sind oder durch Rituale mehr und mehr bewußt werden und diese zur Heilung ihrer selbst und der Welt einsetzen wollen.

Bei der Wiederbelebung der Hexerei können zwei verschiedene Traditionen unterschieden werden: die eine bezieht sich auf die schwarze Hexe, die Satanistin des Mittelalters, die als solche ein rein gedankliches Produkt der Hexenprozesse ist. Diese moderne Hexe verkörpert in der Vorstellung nichts anderes als die Antipode des gelebten Christentums und stellt damit alle Ängste und Sünden zur Schau. Darüber hinaus will sie anderen Schaden zufügen und arbeitet im Auftrag und für Geld.

Die andere Tradition behauptet, daß das Wissen und der Kult der *Weisen Frauen* der Antike bis heute überlebt hat. Anhänger des modernen Hexenwesens sprechen daher gerne von der »Alten Religion« – *Wicca* –, und sie sind überzeugt, daß diese alten keltischen Bräuche vor allem in Großbritannien und Irland überlebt haben und nur wiederbelebt werden müßten. Das 1954 erschienene Buch *Witchcraft Today* von Gerald B. Gardner, dem ehemaligen Direktor des Hexenmuseums der Insel Man, der selbst stark von Aleister Crowley beeinflußt war, schuf die Grundlagen für den britischen *Wicca*-Kult. Auch Gardner vertritt die These, daß Hexen Angehörige einer uralten heidnischen Religion waren. Aber es scheint, daß sich die wiederentdeckten neuheidnischen Strömungen nur bis Anfang des 19. Jahrhunderts zurückverfolgen lassen, weil sie sich stark mit hermetischen Vorstellungen vermischt haben.

Dieser Neo-Paganismus verbreitete sich vor allem in den USA. Im Jahre 1975 versammelten sich im Staat Washington zum ersten Mal 13 nackte *Töchter der Wicca* bei Kerzenlicht einmal im Monat zu ihrem Sabbat. Sie sangen lateinische Psalmen, die Kranke heilen und die Seelen der Verstorbenen exorzieren sollten. 1977 nahm Kalifornien die erste Hochzeit von Hexen zur Kenntnis. »Der Gott der Hexen ist ein Gott der Liebe«, erklärte der Bräutigam, der ein Schwert in der Hand hielt.

»Starhawk« ist der Name einer prominenten amerikanischen Hexe, die den internationalen Bestseller *Hexenkult als Ur-Religion der großen Göttin* geschrieben hat. Diese Autorin und moderne Hexe hat auch bereits zahlreiche Hexenworkshops in Deutschland geleitet und Zirkel initiiert. Die Verehrung der »Mondin«, Rituale um Liebe, Geburt und Tod stellen für die modernen Hexen ureigene weibliche Formen der Spiritualität dar, und sie lassen sich von keiner männlichen Autorität oder Kirche mehr bevormunden. Die modernen Hexen sehen ihre Aufgabe nicht in der Erkenntnis Gottes, sondern darin, selbst Göttin zu sein.

»Hexen sind verpflichtet, alle lebendigen Dinge zu ehren und zu achten und den Lebenskräften zu dienen«, schreibt Starhawk.[109] Für sie ist die Göttin immanent, aber sie bedarf der Hilfe der Menschen, um sich in Schönheit zu entfalten. Das bedeutet, daß das harmonische Gleichgewicht von Mensch und Tier ständig neu hergestellt werden muß. Dies ist ihrer Meinung nach die eigentliche Aufgabe der Hexenrituale. Dabei ist Magie eine Fähigkeit, die von der Entwicklung des Willens abhängt, und deshalb eingeübt werden muß. Aber Starhawk weiß auch, daß es keinen einheitlichen Hexenglauben gibt. Bei manchen Hexenzirkeln stand sogar Aleister Crowley gedanklich Pate. Was Starhawk selbst praktiziert, hat sehr viel mit den Vorstellungen der Druiden und Schamanen zu tun: »Moderner Hexenglaube beinhaltet ein reiches Kaleidoskop von Traditionen und Richtungen. Die Hexenzirkel, jene eng verbundenen Kleingruppen, sind autonom. Es gibt keine zentrale Autorität, die über Liturgie und Riten bestimmen würde. Manche Zirkel üben Praktiken aus, die in ununterbrochener Folge aus der Zeit vor den Hexenverbrennungen auf sie gekommen sind ... Feministische Zirkel sind wahrscheinlich die am schnellsten wachsenden Zweige des Hexenglaubens. Viele huldigen Diana (Artemis): eine Hexensekte, die dem weiblichen Prinzip weitaus größere Bedeutung einräumt als dem männlichen. Andere Zirkel sind unverkennbar eklektisch und schaffen ihre eigene Tradition aus vielen Quellen. Meine eigenen Konvente (covens) gehen bis zur Feentradition der Steinzeit zurück. Doch wir glauben an die Schaffung unserer eigenen Rituale, in denen sich unsere Bedürfnisse und heutigen Einsichten spiegeln.«[110]

Wie andere magische Bewegungen lehnen die heidnischen Hexen einen transzendenten, persönlichen Vatergott ab. Sie orientieren ihr Denken auch nicht am Linearen oder Gegensätzlichen. An dessen Stelle setzen sie das »zyklische« oder »spiralförmige« Denken, das sie an ihren rituellen Tänzen oder »Chanten« (Gesänge) im Namen der Göttin zum Ausdruck bringen. Zwischen allem, was scheinbar in Polaritätsformen existiert – männlich/weiblich, hell/dunkel, Geist/Materie – schwingt eine göttliche, alles verbindende Kraft. Die Nutzbarmachung dieser Kraft wird auch als *Wicca* (abgeleitet aus dem englischen Wort »witchcraft« – deutsch: »Hexenkunst«) bezeichnet.

Inzwischen bestehen in den USA und in Westeuropa zahllose Hexenzirkel (englisch: covens). Jeder einzelne von ihnen umfaßt höchstens dreizehn Mitglieder, die sich dreizehnmal im Jahr bei Vollmond treffen. Schätzungen von Kennern dieser Szene ergaben, daß allein in New York mehr als zehntausend Menschen den *Wicca*-Kult betreiben. Es gibt drei Initiationsgrade, die geheimgehalten werden; ebenso die Rezeptur für magische Tinkturen oder Salben. Eine formale Aufnahme in den Kult wird vollzogen, indem der Hexenzirkel das Grundritual ausführt. Während die Aufzunehmende außerhalb des Kreises mit verbundenen Augen wartet, wird die Gottheit – Diana oder Kybele – angerufen. Danach wird sie in den Kreis geführt, man nimmt ihr die Augenbinde ab, und die neue Hexe wird den Elementen und Gottheiten vorgestellt. Danach begrüßt sie die Gruppe freudig mit ihrem neuen magischen Namen.

Es mag Freimaurer geben, die solche Aufnahmeriten eines *Wicca*-Zirkels mit einigem Unbehagen registrieren dürften, weil sie dadurch mit Neo-Hexern und -Hexen in Verbindung gebracht werden könnten. In Deutschland suchen auch gelegentlich Rechtsradikale Kontakte zu solchen *Wicca*-Zirkeln, die sich auf germanische Riten und Traditionen berufen.

17. Satanisten

»Es gibt kein Gesetz außer: Tu, was Du willst ... Sei stark, Mensch! und voller Lust. Genieße alles Sinnliche und Wollüstige und fürchte nicht, daß ein Gott dich dafür straft.«[111]

Satan ist nach christlicher Vorstellung der »Widersacher«, der seine Macht durch das Wirken Jesu Christi eingebüßt hat. Allerdings soll er erst am Ende der Welt gänzlich vernichtet werden. Für die Kirche bleibt Satan – der gefallene Engel – deshalb nach wie vor eine real existierende Macht, der die Menschen zu verführen sucht. Verführung und Geschlechtlichkeit sind die Stichwörter. Man könnte Satan deshalb mit voller Berechtigung den »Geschlechtsgott« der Christenheit nennen – vom Aussehen her ein Nachfahre des Dionysos. Mit einem großen Unterschied: Während der eine ein fruchtspendender Gott der Antike war, ist der andere ein geächteter Unhold, dessen Schöpfungswonne, als Sünde abgestempelt, Hexerei und Satanismus heißt.

Der Begriff »Satanismus« hat viele Väter, geht aber wohl auf den englischen Schriftsteller Robert Southey (1774–1843) zurück, der damit die Literatur Lord Byrons (1788–1821) charakterisierte und diffamierte. Byron hatte nämlich in seinem Drama *Kain – Ein Mysterium* geschildert, wie Kain sich gegen den doktrinären Glauben seines Bruders Abel auflehnt. Kain war natürlich von Satan persönlich dazu angestachelt worden. Aber auch Dichter wie George Bernard Shaw oder August Strindberg beschäftigten sich »ketzerisch« mit der Figur Satans als Erneuerer oder sogar als Erlöser.

Bekannt wurde auch der Satanskult des englischen Aristokraten Sir Francis Dashwood (1708–1781). Dashwood gründete Mitte des 18. Jahrhunderts einen Teufelsclub *Knights of St. Francis*, dem dreizehn Mitglieder aus den besten gesellschaftlichen Kreisen, darunter ein angesehener Politiker, angehörten. Dieser Geheimbund nannte sich auch *Hellfire* (deutsch: Höllenfeuer), er bestand fünfzehn Jahre lang, und seine Riten, zu denen auch die Verehrung der großen Göttin, verbunden mit sexualmagischen Praktiken gehörte, wurden in einem unterirdischen Tunnel als wüste Orgien praktiziert.

Satanismus wird heutzutage hauptsächlich mit primitiver »Teufelsanbetung«, Tischrücken, Pendeln, obskuren Tieropfern und nackten Frauen, die als Altar dienen, gleichgesetzt. Satansjünger sind jene irregeleiteten Menschen, die Zirkel bilden, in denen Magie als Unterdrückung, Versklavung, ja sogar Opferung von Menschen, praktiziert wird; und dies alles mit dem einen Ziel, den Teufel der Christen gnädig zu stimmen, damit er ihnen endlich »alle Macht der Welt« verleihe.

Satan als Schöpfer

Der Glaube an die Schöpferkraft des Satans beruht auf alten gnostischen Vorstellungen. Noch die mittelalterlichen Katharer hielten Satan für einen Bruder Jesu, der genau in dem Moment im Himmel gekreuzigt wurde, als Jesus dasselbe Schicksal in Jerusalem erlitt. Für die Gnostiker selbst war Satan niemand anderer als der Demiurg, der Schöpfergott Satanel. Er schuf die »minderwertige« Erde, inkarnierte die Seelen in die Materie und setzte damit den unheilvollen Kreislauf von Leben, Tod und Wiedergeburt in Gang.

Auf der anderen Seite gilt der Teufel als »Luzifer«, also auch als »Lichtbringer«, der den Menschen das himmlische Licht vom Baum der Erkenntnis bringt und dafür von Gott als »gefallener Engel« bestraft wird.

Dies alles ist die satanologische Grundlage für den Geheimkult von Aleister Crowley, für den die Welt nicht von einem guten Gott geschaffen worden war, sondern von Satan. Unter dieser Voraussetzung konnte es für ihn nur eine Idiotie darstellen, ein moralisches Leben führen zu wollen. Mach, wozu immer du Lust hast! lautete seine Devise. Eine Aufforderung, die in Westeuropa noch heute als Aufruf zur Anarchie und zu sexuellen Perversionen verstanden wird.

Aleister Crowley

Aleister Crowley hat sich selbst gern als den gottlosesten Menschen unseres Jahrhunderts gesehen. Vor allem aber hat dieser Okkultist wohl zu jenen gezählt, die gerne andere provozieren und die, wie es nicht selten bei Leuten solchen Schlages vorkommt, deswegen häufig gründlich mißverstanden werden.

Er ist, auch wenn es im *Lexikon der Sekten, Sondergruppen und Weltanschauungen*[112], entstanden unter der Mitwirkung der Amtskirchen, betont wird, nicht der »Vater des Satanismus«. Er ist auch kein Satanist, der sozusagen auf die »Nachtseite« des Christentums geraten ist. Auch wenn sich die 1966 gegründete *Church of Satan*, wie überhaupt der Satanismus der Gegenwart, nach wie vor auf ihn berufen.

Für Crowley treten im Satanismus die zwei alten gnostischen Prinzipien – das Gute und das Böse –, die beide um die kosmische Vorherrschaft ringen, in Erscheinung. Crowley wäre nicht im Traum eingefallen, den Satan oder überhaupt irgend jemanden anzubeten, weil er damit einer christlich geprägten Vorstellung gefolgt wäre. Ihm ging es immer nur um die beiden Kräfte von Gut und Böse, die er für absolut gleichwertig hielt. Im übrigen forderte Crowley in seinen Büchern immer wieder dazu auf, sich mit so vielen Göttern und Göttinnen wie nur möglich zu beschäftigen, um nicht »in den Irrtum des Monotheismus zu verfallen«. Dieses differenzierte Denken Crowleys soll hier etwas verdeutlicht werden: »Jeder Mann und jede Frau ist ein Stern«, sagt Crowley in seinem wichtigsten Werk *Das Buch des Gesetzes*, das ihm angeblich in Kairo in Trance diktiert worden sei. Crowley meint damit, daß in uns allen die göttliche Schöpferkraft vorhanden ist und diese grundsätzlich nur dann erfahren wird, wenn wir in unseren Handlungsweisen identisch mit uns selbst sind und damit auch mit der Welt. Erst dann haben wir zu unserem wahren Willen gefunden und werden, bildlich gesprochen, zu einem Stern, einem leuchtenden Kraftfeld.

Crowleys Weisung: »Tu, was du willst«, war also keine Anweisung zu möglichst rücksichtslosem Handeln, sondern vielmehr eine Aufforderung zur Suche nach dem einen wahren Punkt in sich selbst, wo eigene Überzeugung und Handeln mit den eigenen tiefsten Bedürfnissen deckungsgleich sind.

Edward Aleister Crowley wurde 1875 in einem kleinen englischen Ort nahe Stratford-on-Avon geboren. Sein Vater war ein reicher Braumeister, seine Mutter »eine hirnlose Frömmlerin«, wie er später vermerkt. Die Eltern erzogen ihren Sohn puritanisch streng; seine Lieblingslektüre wurde dadurch die »Offenbarung des Johannes«.

Zweierlei fesselte ihn an diesem eschatologischen Text: die aufreizende Hure Babylon in Purpur und Scharlach gekleidet (was ihn später als Mann bevorzugt solche Frauen lieben ließ, die diese Farben trugen) und die aus dem Meer steigende Bestie 666 – das Tier der Apokalypse, als das er sich gerne selbst sah!, dem die Macht gegeben war, Krieg gegen alle Heiligen zu führen und sie auch zu besiegen.

Im Alter von zwanzig Jahren studierte Crowley in Cambridge Geisteswissenschaften. Er schrieb Gedichte, wurde ein begeisterter Bergsteiger und lernte noch während seiner Studienzeit den Geheimbund *Golden Dawn* kennen, einen Orden, der in seinen Ritualen die antiken Mysterienkulte wiederaufleben lassen wollte und dabei vieles von den Ideen der Rosenkreuzer übernahm. Die Ausübung von magischen Praktiken fesselte den 23jährigen stark: So gab es im *Golden Dawn* unter anderem das sogenannte »Pentagramm-Ritual«, das Geisterbeschwörungen, ihre Anrufung und ihre Bannung, vorsah. Mit derselben Methode hatte auch Eliphas Lévi – als dessen Wiedergeburt sich Crowley sah, weil er im Todesjahr des großen Meisters geboren worden war – einstmals versucht, sich die Elementargeister untertan zu machen.

Der junge Crowley mietete sich eine kleine Wohnung in London und übte sich dort in spirituellen Exerzitien – auch durch Einnahme von Drogen – um den »Schleier der Isis« zu lüften. Er bezeichnete sich nicht nur als Magier; er wollte auch einer sein, mit all dem Unheimlichen, das dieser Name beinhaltet. Und so wird berichtet, daß er Menschen dazu gebracht haben soll, auf allen vieren zu gehen und wie Hunde zu heulen.

Um 1900 zog sich Crowley nach Schottland zurück. Später ging er auf Weltreise, besuchte Hawaii, Japan, Ceylon, Indien und kehrte über Ägypten 1902 nach Frankreich zurück.

Er begann zu schreiben; insgesamt erschienen im Laufe der Jahre neunzehn Bände, in denen er seine Erfahrungen mit Magie und Okkultismus darlegt. Sein Verdienst ist es, die Magie psychologisch plausibel gemacht zu haben. Aleister Crowley blieb zeitlebens ein großer Skeptiker, der über einen wachen, naturwissenschaftlich geschulten Verstand verfügte. Die Magie war und blieb für ihn eine »Hilfsdisziplin der Metaphysik und der Mystik«.

Im Jahre 1907 gründete Crowley den *AA-Orden* und warb dafür 88 Mitglieder. In diesem Orden wurden vor allem magische Sexualpraktiken durchgeführt, und der »Magier« war bald in allen Spielarten des Eros gleichermaßen versiert.

Er kam auch mit den magischen Riten des *Ordo Templi Orientis (O.T.O.)* in Berührung – jene Geheimgesellschaft, die den alten Templerorden weiterführen wollte. 1912 übernahm er die Leitung desselben.

In den Riten dieses Ordens war auch das tantrische Element vertreten – eine indische Schule, die, verkürzt gesagt, das Erlebnis der Erleuchtung, das den verborgenen Gott im Menschen enthüllt, im Vollzug der »Liebe mit Bewußtsein«, des bewußt erlebten Orgasmus, zum Kern ihrer Lehre macht. Tantra zielt auf die Transmutation (Verwandlung in einem alchimistischen Sinne) der menschlichen Persönlichkeit ab. Dadurch werden im Menschen Kräfte freigesetzt, die ihn befähigen, sich gegen alles in dieser und in der jenseitigen Welt erfolgreich zur Wehr zu setzen. Aleister Crowley sah die Menschen allzu häufig Opfer übermächtiger Dämonen werden. Dagegen sollten sie sich zur Wehr setzen können. Er wollte ein neues Zeitalter einläuten; seinen Beginn datierte er auf das Jahr 1904.

Um 1920 herum gründete er in Cefalù auf Sizilien die Abtei von Thelema. Thelema heißt auf griechisch entweder »Wille« oder »das Formen des magischen Banns«. Hier sollten sich Männer und Frauen auf die Suche nach ihrem wahren Willen machen. »Tu, was du willst!« lautete das einzige Gesetz dieser Gemeinschaft. Damit war eben nicht gemeint, »Tu, was dir gerade paßt«, sondern vielmehr die Aufforderung, seinen wahren Willen zu erkennen und zu leben. So formulierte der Meister unter anderem: »Jeder Willensakt, der nicht dazu dient, die unmittelbare Verbindung zur Gottheit wiederherzustellen, ist ein Akt schwarzer Magie.«[113]

Mit dieser Aussage wird zugleich deutlich, daß Crowley nicht der tumbe Satanist war, den bestimmte Kreise gern in ihm sehen möchten.

Crowley wollte mit der Gründung seiner Abtei insgeheim den esoterischen Orden von Pythagoras wieder ins Leben rufen, in dem die beiden Geschlechter auch zusammengelebt, geschlafen, sich körperlich betätigt und an der Vervollkommnung ihrer Seele gearbeitet hatten. Dabei wurde Magie als Methode zur Entwicklung des höheren Selbst eingesetzt. Der innere Wille sollte ebenfalls durch verschiedene Praktiken – auch sexualmagische Riten – geweckt werden, gemäß des Ausspruchs des großen Dichters William Blake: »Die Straße der Ausschweifung führt zum Palast der Weisheit.«[114]

Jeder Mensch ist ein Stern, formulierte Crowley und meinte damit: Niemand kollidiert mit dem anderen, jeder ist für sich allein, allerdings sind die beiden »Sternenbahnen« von jeher harmonisch aufeinander abgestimmt.

Crowley gab Zeitungsanzeigen in der New Yorker Presse auf, in denen er nach buckligen, einäugigen, lahmen Frauengestalten suchte, um sie in Thelema in wohlgeformte, schöne Frauen zu verwandeln. Dahinter stand der Gedanke, daß in jedem Menschen beide Seiten – schön und häßlich – angelegt sind. Auf diese Weise kam Crowley zu einigen seiner Geliebten, jenen, wie er sich ausdrückte, »scarlet women«. Aber auch viele Künstler und Schauspieler zog es nach Thelema. Bei einer Zeremonie, bei der das Blut einer Katze, die zuvor geopfert worden war, getrunken wurde, brach ein Besucher der Abtei tot zusammen. Seine Witwe Betty May enthüllte einem Londoner Boulevardblatt Einzelheiten über Magie, Drogen und verderbte Praktiken. Es wurde sogar gemunkelt, daß man in Thelema nicht nur Kleintiere sondern auch Kinder tötete, was natürlich barer Unsinn war. Dennoch: Auf Anordnung von Mussolini, dem die Abtei in Cefalù zu skandalträchtig schien, mußte Crowley Thelema im Mai 1923 aufgeben.

Die Kabbala stellte für Crowley und sein »Magic-System« einen wichtigen Leitfaden bei der praktischen Arbeit dar. Mit Hilfe der zahlenmystischen Analyse vermochte der Magier die in der Trance geschauten Symbole, Namen, und Formeln genau einzuordnen. Frauen setzte Crowley als spiritistische Medien ein, um seine Erkenntnisse zu überprüfen. Eines seiner interessantesten Bücher trägt den Titel *Liber LXV* und hat den Untertitel *Das Buch des von der Schlange umgürteten Herzens.*

Darin versucht Crowley griechisch-ägyptische Magie wiederzubeleben, wobei das Herz auf das emotionale Leben und die Schlange auf die Kraft der Kundalini hinweist.

Zur Beruhigung des Geistes benutzte Crowley auch die besonders im fernen Osten gebräuchliche Methode des Rezitierens von Mantras. Im katholischen Ritus stellt die oft wiederholte Aussage: »Der Herr ist mein Hirte, es wird mir an nichts mangeln«, in gewisser Weise auch ein Mantra dar. Das beständige Wiederholen dieses Satzes oder dieser Affirmation führt zu einer Konzentration, durch die man sich Gott besser zuwenden kann. Auch Aleister Crowley besaß sein eigenes Mantra, das er aus dem altägyptischen *Buch des Gesetzes* entliehen hatte. Es hat einen sonoren Rhythmus und seine Übersetzung lautet:

>»Erwiesen ist letzte Einheit.
>Ich bewundere die Macht deines Atems,
>Höchster und furchtbarer Gott,
>Der du die Götter und den Tod
>vor Dir erzittern machst:
>Ich, ich bete Dich an.«[115]

Nachdem er Thelema verlassen mußte, reiste Crowley nach Tunis, um dort seine Autobiographie zu schreiben. In Gurdjieffs »Schule« in Fontainebleau bei Paris versuchte er sein Suchtproblem in den Griff zu bekommen. Gurdjieff war jemand, der Drogenabhängige von ihrer Sucht heilen konnte. Aber er und Crowley kamen nicht gut miteinander aus. So fuhr Crowley nach Deutschland, wo er 1929 in Leipzig Maria Teresa Ferari heiratete, mit der er nach Berlin zog. Aber auch dort hielt es ihn nicht lang. Crowley ging zurück nach England und versuchte sich als Maler – die Leute kamen nur, um ihn zu sehen: kahlrasierter Schädel, fett, wunderliche Kleidung, stechender Blick und in die Duftwolke eines Parfüms getaucht, das er sich selbst zusammengestellt hatte. Kurz vor seinem Tod entwickelte Crowley zusammen mit der Künstlerin Frieda Harris einen Tarotkartensatz, der sich noch heute großer Beliebtheit erfreut. In ihm ist die Null oder der Narr die höchste Karte, weil nach Crowleys Überzeugung alle Möglichkeiten nur in dem liegen können, was nicht festgelegt, also null ist.

Seine letzten Jahre verbrachte der Magier als Gast eines exzentrischen Lords in Hastings. Seine Schüler sollten die Ewigkeit doch nicht am falschen Platz suchen, lautete sein letzter Rat. Aleister Crowley starb am 1. Dezember 1947 an Herzversagen und chronischer Bronchitis. Seine letzten Worte sind irgendwie typisch für diesen genialen, überdrehten Magier, dessen fixe Idee es zuletzt noch gewesen war, einen Helikopter zu bauen: »Ich bin überrascht!«

18. Theosophen

»Weil man kein Maß hat für das, was groß ist, läßt man sich fangen von dem, was seltsam ist.«[116]

Der Magier und Okkultist Lévi, der mit bürgerlichem Namen Alphonse Constant hieß, starb im Gründungsjahr der *Theosophischen Gesellschaft*, die einen Teil seines Erbes weiterführte. Im selben Jahr – 1875 – wurde auch Aleister Crowley geboren. Die *Theosophische Gesellschaft* ist vor allem das Lebenswerk von Helena Petrowna Blavatsky (1831–1891), besser als Madame Blavatsky oder HPB bekannt. Sie war eine äußerst schillernde und starke Persönlichkeit und wird heute von manchen als Vorläuferin der Channeling-Bewegung angesehen. Sie galt als ausgezeichnetes Medium. Klopfgeräusche hätte sie von allen Zimmerwänden widerhallen lassen, erklärten ihre Anhänger enthusiastisch, die in ihr so etwas wie eine orientalische Hohepriesterin sahen.

Heutzutage hat die Muttergesellschaft – die *Theosophical Society* – mit Sitz im südindischen Adyar keine große Bedeutung mehr. Allerdings wird ein weites Feld der Esoterik von Ablegern dieser Gesellschaft bestimmt: von der Anthroposophie, von den Anhängern von Alice Bailey (Gründerin der theosophisch orientierten *Arkanschule* und der New-Age-Bewegung des 20. Jahrhunderts) und von einigen Rosenkreuzervereinigungen. Ebenso haben sich theosophische Begriffe und der Mythos von den geheimen tibetischen Meistern, der kosmischen Evolution und der Menschheitsentwicklung zum Göttlichen hin durchgesetzt.

Madame Blavatsky war weitgereist und wollte in Indien eine brahmanische Lehre entdeckt haben, die von geheimen tibetischen Meistern inspiriert sei. Aus dieser Lehre entwickelte sie nun ihrerseits ihre eigene »Geheimlehre«, die insgesamt eine Mischung aus gnostischem, buddhistischem und hinduistischem Gedankengut darstellt. Madame Blavatsky behauptete zeitlebens, daß sie ihr Wissen aus einem *Buch von Dyzan* entnommen habe, dessen erloschene Sprache auch der Fachwelt ihrer Zeit nicht mehr bekannt sei. Allerdings weiß man seit geraumer Zeit, daß sie sich in Wirklichkeit auf eine zoroastrische Schrift aus dem 17. Jahrhundert bezog, welche kabbalistisches Gedankengut enthielt.

Helena Petrowna Blavatsky

Sie stammte aus einem der ältesten und angesehensten russischen Adelsgeschlechter, dem der Dulgorukovs. 1831 kam Helena Petrowna im Hause ihrer Großeltern zur Welt. Sie war die geborene Abenteurerin. 1849 heiratete Helena Nikofor Blavatsky. Aber schon bald lief sie ihrem Ehemann wieder davon, kämpfte später unter Garibaldi und wurde verwundet. Sieben Jahre lang reiste sie durch viele Länder der Welt und schlug sich dabei als Medium durch. Sie bereiste Kanada, die USA, Ceylon, Indien und schließlich Tibet, das damals für Ausländer vollkommen unzugänglich war.

Im Jahre 1858 kehrte sie nach Rußland zurück, ließ sich dort von ihrem Ehemann aushalten, der immer noch hoffte, mit Helena eine Familie gründen zu können. Sie aber nahm sich einen Liebhaber, wurde von ihm schwanger und gebar 1862 einen Jungen namens Juri, der mit fünf Jahren starb.

Nach seinem Tod fuhr Madame Blavatsky zunächst nach Ägypten, danach nach Paris und später nach New York, wo sie den Anwalt Henry Steel Olcott kennen und lieben lernte. Sie warnte Olcott: »Noch ist Zeit, die Verbindung abzulehnen.

Wenn du den Brief, den ich dir geschickt habe, annimmst und das Wort Neophyte akzeptierst, wirst du gekocht, mein Junge.«[117]

Er wollte »gekocht« werden. Mit ihm zusammen gründete sie 1875 die *Theosophische Gesellschaft*. Helenas erstes Werk *Die entschleierte Isis* entstand in kürzester Zeit. 1878 wollte sie unbedingt nach Bombay reisen, um die Inder »als altes westliches Nilpferd« (Madame brachte gut 245 Pfund auf die Waage) in die Geheimnisse ihrer eigenen esoterischen Kultur einzuweihen. Jahre später geriet ihre Gesellschaft in Mißkredit. Man warf Madame Blavatsky Schwindeleien und Manipulationen bei ihren Seancen vor, worüber sie sich zutiefst gekränkt zeigte. 1885 ließ sie sich in Neapel am Fuße des Vesuvs nieder. Sie schrieb viele Briefe, in denen sie sich und ihre Ansichten verteidigte. Im Herbst 1888 erschien ihr Hauptwerk, die *Geheimlehre*, in dem sie die Geschichte der Menschheit aus theosophischer Sicht erzählt. Außerdem beansprucht die *Geheimlehre* die Essenz aller Religionen zu sein. Zwei Jahre später, am 8. Mai 1891, starb Helena Petrowna Blavatsky an einem grippalen Infekt.

Für die *Theosophische Gesellschaft* nennt Madame Blavatsky in ihrem Buch *Schlüssel zur Theosophie* drei Ziele: 1. Bildung einer überkonfessionellen Bruderschaft der Menschheit. 2. Studium der östlichen Weltanschauungen. 3. Studium des Okkultismus.

Zwei wichtige Aspekte kennzeichnen im wesentlichen die Theosophie: Weltanschaulich liegt hier ein radikaler Monismus vor und religiös eine gnostische Selbsterlösungslehre, die davon ausgeht, daß Menschen immer nur die Gnosis haben, die sie selber sind. Wichtig ist dem Theosophen auch die Wesenseinheit aller Dinge. Geist und Materie sind nur scheinbar Gegensätze; sie fallen letztlich in eins zusammen, womit der radikale Monismus angesprochen wäre. Bei Madame Blavatsky kommt noch ein weiteres Element hinzu: Sie will die »Weisheit, die die Götter besitzen« erhalten und meint damit, daß sich alle Menschen zu Göttern entwickeln können, weil jeder Mensch ohnehin nur ein »Gott im Entwicklungszustand« sei.

»Theosophie« heißt übersetzt »Wissen von Gott«. Die Theosophie definiert sich in erster Linie als ein wissenschaftliches System zur Erforschung okkulter Wahrheiten. Die im Menschen latent ruhenden geistigen Kräfte sollen erforscht und vor allem geweckt werden. Der Mensch ist sein eigener Heiland! Kein Wunder also, daß sich bei diesem Anspruch das Interesse an mystischen Praktiken und Inhalten bis heute halten konnte – auch wenn die modernen »Ableger« der Theosophie, die Anhänger des New Age, mittlerweile das gesamte esoterische Spektrum abdecken: von Astralreisen und Reinkarnation über Channeling bis hin zur Transzendentalen Meditation. Die *Theosophische Gesellschaft* rückt dabei eher in den Hintergrund.

Zwei Jahre nach Gründung der *Theosophischen Gesellschaft* erschien das Werk *Die Entschleierte Isis*. In der Abhandlung geht es vor allem darum, spiritistische Phänomene auf monistischer Basis zu erklären. Madame Blavatsky bekämpft mit ihrem Werk zugleich zwei »Feinde« – im ersten Band die moderne Wissenschaft und im zweiten Band die christliche Theologie. Über ihre Ansichten zum Wirken Jesu befragt, gab die Blavatsky einmal hochmütig zur Antwort: »Ich hatte noch nicht die Ehre, die Bekanntschaft dieses Herrn zu machen.«[118]

Für den Theosophen sind alle Religionen gleich wahr, weil sie alle zu demselben Ziel führen – zu Gott. Die Theosophie versteht sich nicht als neue Religion; sie bildet eine synkretische Lehre – eine Zusammenschau von allem.

Die *Geheimlehre* – »Alpha und Omega einer uralten Wissenschaft« – beschäftigt sich mit der Entwicklung der Weltalter (yugas), der sieben Wurzelrassen (Hyperboreer, Lemuria und

Atlantis-Mythos) und der Karmalehre. Letztere stellt für die Theosophen ein Gesetz dar, das mit gleichbleibender Unvoreingenommenheit sowohl belohnt als auch bestraft.

In ihrer sogenannten »Wurzelrassen-Theorie« gibt es allerdings einige üble Aspekte, weil Madame darin ungeniert vom Aussterben minderwertiger Rassen spricht, die allesamt auf einer niedrigeren Stufe stehen als die Weißen: Indianer, Eskimos, Papuas, Aborigines usw.

Verborgene »Supermeister« und eine »geistige Hierarchie« – auch *Große weiße Bruderschaft der aufgestiegenen Meister* genannt, führen die Menschheit in ihrer spirituellen Evolution, denn jede Zeit hat ihren eigenen Avatar oder göttlichen Sendboten. Problematisch an Madame Blavatskys Auffassung ist hierbei wiederum die Verbindung zwischen Rassenlehre, Reinkarnation und Karma, auf deren Grundlage man schnell zum Begriff des »Untermenschen« kommen kann – auch wenn Madame Blavatsky hierin nur ein Kind ihrer Zeit war.

Madame Blavatsky sieht in der Theosophie die »Kernvertreterin« der hermetischen Philosophie und bezeichnet sie als einzig möglichen Schlüssel zum Absoluten in Wissenschaft und Theologie.

Ihr Erfolg war bahnbrechend. Theosophische Anschauungen fanden vielfach bei Künstlern und Intellektuellen großen Anklang. Madame Blavatsky traf den Nerv ihrer Zeit. Gustav Meyrinks Roman *Der Engel vom westlichen Fenster,* aber auch Thomas Manns *Zauberberg* und Hermann Hesses *Demian* wurden von ihrem Geist beeinflußt. Aber auch Maler wie der Niederländer Piet Mondrian oder Wassily Kandinsky erhielten durch die Schriften Blavatskys oder Steiners neue Impulse, die sich in ihren Bildern niederschlugen.

Die Bezeichnung »Theosoph« kam aber auch in Okkultistenkreisen in Mode. 1884 wurde von Marie Gebhardt und dem Juristen Wilhelm Hübbe-Schleiden in Elberfeld die *Theo-*

sophische Societät Germania gegründet. 1897 gründete der süd-
deutsche Arzt, Hochgradfreimaurer und Rosenkreuzer Franz
Hartmann die *Internationale Theosophische Verbrüderung*, aus
der nach 1945 die *Theosophische Gesellschaft in Deutschland
(TGD)* wurde.

Nach Blavatskys Tod übernahm die politisch und femini-
stisch engagierte Annie Besant (1847–1933) die Leitung der
Gesellschaft. Einer ihrer Mitarbeiter wollte in einem 14jähri-
gen indischen Jungen – Jiddu Krishnamurti – den wiederkom-
menden Christus entdeckt haben, der die Menschheit zur nächsten, in der theosophischen Lehre beschriebenen, Wurzelrasse
führen sollte. Um ihm einen Weg zu ebnen, adoptierte Annie
Besant Krishnamurti und gründete für ihn den *Orden des
Sterns des Ostens*. Krishnamurti (1895–1986) jedoch lehnte die
ihm zugedachte Rolle ab, löste den Orden wieder auf und
lehrte lieber fortan seine eigene Philosophie. Er war sicherlich
einer der großen spirituellen Meister unseres Jahrhunderts.

Über die Frage, ob Krishnamurti nun der Messias und rein-
karnierte Christus sei, kam es 1912 zur Spaltung der *Theosophischen Gesellschaft*. Rudolf Steiner stand stärker in der hermetischen Tradition. Ihm kam es vor allem darauf an, einen
philosophisch fundierten und systematischen Schulungsweg
aufzuzeigen, um zur Selbsterkenntnis zu gelangen. Insgesamt
darf man seine Gründung der *Anthroposophischen Gesellschaft* auch als eine Gegenreaktion auf bestimmte okkulte Elemente innerhalb der Theosophie betrachten.

Zu einer zweiten wichtigen Abspaltung von der *Theosophi-
schen Gesellschaft* kam es drei Jahre vor Blavatskys Tod. Im
Jahre 1888 wurde der Orden *Golden Dawn* gegründet, der
niemals mehr als dreihundert Mitglieder zählte und seine
Gründung auch als berechtigte westliche Reaktion auf den
Orientalismus der *Theosophischen Gesellschaft* sah. Seine
Gründungsmitglieder waren allesamt Rosenkreuzer und Frei-

maurer, und die Mysterienkulte der griechisch-römischen Antike lag ihnen näher als indisches Denken.

Channeling

Die heutigen Theosophen zählen sich häufig zur New-Age-Bewegung, wie Eileen und Peter Caddy und Dorothy Maclean,
die Begründer von Findhorn, durch die auch das »Channeling«
berühmt wurde. Aber auch viele Rosenkreuzer-Gemeinschaf-
ten sind im Umfeld der Theosophie entstanden, beispielsweise
AMORC oder die gnostisch-asketischen *Lectorium Rosicrucianum*, die sich bemerkenswerterweise auch etwas vom katharischen Geist bewahrt haben. Von den amerikanischen Fortbil-
dungen zählt die *I-Am-Bewegung*, auch *Saint-Germain-Foun-
dation* genannt, zu den bedeutendsten.

Madame Blavatsky gilt vielen Zeitgenossen als Vorläuferin
der Channeling-Bewegung. Channeling oder »kanalisieren«
soll eine Weiterentwicklung des Kontaktes zwischen den Lebenden und den Geistwesen sein, zwischen dieser und der »Anderswelt«. Hierbei sind Medien »Kanäle«, um mit höheren Be-
wußtseinsebenen in Kontakt zu treten. Anders als im
Spiritismus sind die kontaktierten Geistwesen keine Verstorbenen oder gar Engel, sondern Personifikationen umfassender
Bewußtheiten, die ihr Wissen an die Medien weiterleiten. »Wir
im New Age erkennen, daß wir gar nicht sterben«, schreibt
Shirley MacLaine.

Denn die Grenzen zwischen Individuum und göttlichem
Ganzen sind fließend, wie es uns die *Geheimlehre* wissen läßt.
Ziel ist es, sich mit der ursprünglichen »Einheit« wieder zu ver-
einigen.

Und so steht das Channeling letztlich für den Dialog des Me-
diums mit seinem höheren Bewußtsein, denn in dem Maße, wie

das Höhere Selbst sich mit der Alltagspersönlichkeit verbindet, erscheint es nicht mehr weit weggerückt, sondern wird zu einem integralen Bestandteil des ganzen Menschen.

Ein gutes Beispiel für die Praxis des Channelings ist das Medium Jane Roberts, das ihre erste Channeling-Begegnung mit »Seth« im Jahre 1963 und von da an fortwährend bis zu ihrem Tod 1984 hatte.

Findhorn – der blühende Garten in einer unwirtlichen Gegend Schottlands – soll durch die Kommunikation und Zusammenarbeit mit Naturgeistern erschaffen worden sein.

Auch Madame Blavatsky gab an, daß ihr mit Hilfe eines »astralen Lichts diktiert« worden sei und nennt als »Autoren« unsterbliche indische Meister. Im übrigen entdeckte sie den Begriff der »Akasha-Chronik« aus alten Sanskrit-Schriften für den Westen wieder neu: Akasha bedeutet »Raum-Äther« und bezeichnet eine feinstoffliche Substanz – verteilt über das ganze All. Akasha ist aber auch das, was hinter den Kulissen geschieht, während vorn auf der Bühne jemand spricht. Wobei das Sichtbare vom Unsichtbaren abhängt.

Theosophie und New Age

»Ich glaube, daß das Weltall eine ›Brüderschaft von Göttern‹ ist, auf den verschiedenen Stufen der Entwicklung, in denen der eine, höchste Gott (Gott, der Sohn) seine ewige Wohnung hat«, schreibt Hermann Rudolf in seinem *Theosophischen Glaubensbekenntnis*.[119]

Die anglo-indische Theosophie hat durch das Aufkommen der New-Age-Bewegung seit den späten sechziger und siebziger Jahren eine neue Aktualität erfahren. New-Age-Vertreter berufen sich auf Helena Blavatsky und andere Theosophen. Mit dem Begriff New Age wird ein neues, kommendes Zeitalter bezeichnet, das sich astrologisch als Wassermann-Zeitalter definiert. Dieses kommende Zeitalter beschreibt der Theosoph Karl Egon Prinz zu Hohenlohe-Waldenburg unter anderem so: »Die neue Religion wird (dann) nicht mehr bloßes gläubiges Dafürhalten dessen, was vorgeschrieben ist, sein«, sondern durch sie finden wir »zum wissenschaftlich begründeten Verständnis für Gottes Absichten«.[120]

Weltanschaulich stellt das New Age allgemein eine Mischung aus östlicher Religiosität, westlichem Okkultismus, modernen naturwissenschaftlichen Theorien und humanistischer Psychologie dar. Während zu Madame Blavatskys Zeiten die interreligiösen und auch esoterischen Erfahrungsmöglichkeiten Adeligen oder begüterten Personen vorbehalten blieben, wird das New Age diese Möglichkeiten allen Schichten der Bevölkerung eröffnen. Das neue Zeitalter ist für alle Menschen da – wie die Theosophie.

In diesem Zusammenhang möchte ich mit einem Ausspruch des Eingeweihten Gurdjieff enden, mit dem er uns auffordert: »Vertraue nur der eigenen Sicht der Welt, niemals der Sicht, wie sie andere haben. Und traue auch deiner eigenen Sicht nur für einen kurzen Moment lang.«[121]

19. Die hermetische Ordnung des *Golden Dawn*

»Initiation ist die Vorbereitung für die Unsterblichkeit. Der Mensch ist nur potentiell unsterblich. Unsterblichkeit wird erst dann erreicht, wenn der rein irdisch-menschliche Teil des Menschen sich mit der spirituellen Essenz verbindet, mit jener Essenz, die nie erschaffen, nie geboren war und nie stirbt. Es geht darum, diese spirituelle Verbindung mit dem Höchsten herzustellen, der der *Golden Dawn* alle seine Rituale und seine praktische Arbeit verdankt.«[122]

Der dies sagt, ist Israel Regardie (1907–1985), der 1937 sein Schweigegelübde erstmals brach und über den Geheimorden *Golden Dawn* in vier Bänden öffentlich Mitteilung machte. Dieser englische Orden stellt ein okkultes Lehrsystem dar, das vom Erlernen der überlieferten westlichen Symbole bis hin zur Anwendung praktischer Magie und anderer seelischer Übungen führt. Der Geheimorden sah sich als legitimer Nachfolger der antiken Mysterienkulte, und ihm gehörten zahlreiche illustre Persönlichkeiten des öffentlichen Lebens in England an.

Der *Golden Dawn* war 1888 gegründet worden. Zu keiner Zeit hatte der *Golden Dawn* mehr als dreihundert Mitglieder. Sein vollständiger Name lautet *Hermetischer Orden der goldenen Dämmerung,* und seine Gründung geht auf das Auftauchen eines in Geheimschrift geschriebenen Manuskriptes zurück – dem *Cypher Manuskript*, zu dem auch Briefe einer gewissen Anna Sprengel zählen. Der Freimaurer Mac Gregor Mathers hatte das geheimnisvolle Manuskript von William Wynn Westcott zugespielt bekommen und machte sich sofort an die Entzifferung des Manuskriptes.

Es beschreibt fünf mystische Rituale, von denen Anna Sprengel in ihren Briefen behauptet, sie seien einst von der deutschen Rosenkreuzergemeinschaft *Goldene Dämmerung* gemäß uralter ägyptischer magischer Riten entwickelt worden. Vieles spricht jedoch dafür, daß die verschlüsselten Manuskripte von Westcott selbst verfaßt worden sind. Doch er wollte den Eindruck erwecken, daß es sich beim *Golden Dawn* um eine alte Geheimgesellschaft handele, deren sagenhafte Riten er wiederbelebt habe.

Alfred Edward Waite, ein Kenner der Geheimszene jener Tage, deutete dieses Geschehen mehrere Jahrzehnte später so: »In jenen Tagen wurde in theosophischen und ähnlichen Zirkeln viel über einen okkulten Geheimorden gemunkelt, der den Anschein erweckte, als würde er äußerst hohe Anforderungen stellen. Obskure Personen schrieben unaufgefordert Briefe und setzten mysteriöse Siegel hinter ihren Namen, als wollten sie prüfen, ob ich bereits Mitglied sei. Mit atemlosem Geraune ließ man dunkle Andeutungen fallen ... irgend etwas, das mit dieser dunkel faszinierenden Angelegenheit zu tun hatte. Irgendwo in weiter Ferne schwebte ... über alledem der Name Wynn Westcott.«[123]

Trotz eines solch wenig seriösen Ursprungs des Ordens zog er bekannte Leute wie den irischen Dichter und späteren Nobelpreisträgers William Butler Yeats, Aleister Crowley, den Schriftsteller Algernon Blackwood und die Autorin esoterischer Werke, Dion Fortune, wie magisch an. Sie wurden alle Mitglieder.

Die symbolischen Grundelemente des magischen Systems dieses Ordens sind der kabbalistische Lebensbaum mit den zehn Sephirot, die Astrologie, der Tarot, bestimmte alchimistische Elemente, die Rosenkreuzer-Legende und die Mythologie des *Ägyptischen Totenbuchs*. Im Gegensatz zur Theosophie wurde jedoch daraus keine panphilosophische, sondern eine

magische Synthese geschaffen. In ihr war das richtig ausge-
führte Ritual wichtig, wie man den Schriften von Dion Fortune
entnehmen kann. Ihr zufolge geht es im Grunde genommen bei
aller Magie einzig darum, eine »Jakobsleiter« vom Himmel bis
zur Erde und umgekehrt aufzustellen, um danach unsere verschiedenen Körper – den mentalen, emotionalen, materiellen
und feinstofflichen Körper – als Ganzes richtig zum Einsatz
bringen zu können.

Aus dem *Golden Dawn*, der 1903 wegen innerer Streitigkei-
ten zerbrach, gingen verschiedene Orden hervor: der Orden
Stella Matutina (Morgenstern) – Keimzelle der Anthroposophie in England – der *Fellowship of the Rosy Cross* von A. E.
Waite, der Orden der *Society of the Inner Light* von Dion
Fortune, ein Orden, der noch heute existiert, sowie der *Argen-
teum Astrum*, von Aleister Crowley ins Leben gerufen, aus dem
sich später der Orden und die Abtei von Thelema auf Sizilien
ableitete.

Die zehn Grade des *Golden Dawn* und das Pentagrammritual

Die zehn Grade waren in Anlehnung an die zehn Sephirot der
Kabbala benannt worden: Zelator, Theoricus, Prakticus, Philosophus, Adeptus Minor, Adeptus Major, Adeptus exceptus, Magister Templi, Magus und als höchster: Ipsissimus.

Das Aufnahmeritual (Neophyten-Ritual) des *Golden Dawn*
war für die Kandidaten alles andere als leicht und angenehm.
Zunächst hörte der Myste die merkwürdige Invokation (Anrufung) »Khabs Am Pehkt. Konx om Pax. Licht in Fülle«, die bedeuten sollte: »Mögest du den Segen des Lichts empfangen und
der mystischen Erfahrung teilhaftig werden, des Ziels all unserer Arbeit.«

Und gleich darauf wurde der Einzuweihende in Anlehnung an die antiken Mysterienkulte, bei denen es eine Stufe der »Orientierungslosigkeit im Dunklen« gegeben hatte, in einen Zustand der Desorientierung versetzt. Dies betraf vor allem seine Psyche, die solange systematisch verwirrt wurde, bis der Kandidat für den zentralen Teil der Einweihung bereit war. Die Desorientierung bestand darin, einen anderen Bewußtseinszustand beim Mysten hervorzurufen, in welchem ihm beeindruckende, manchmal erleuchtende, aber in den meisten Fällen eher beängstigende Visionen zuteil wurden. In ihnen erlebte der Myste den Moment der Todeserfahrung, des »Abstiegs zur Hölle«, verbunden mit dem Gefühl des Ausgeliefertseins und der totalen Verlorenheit. So jedenfalls hatten es die alten Ägypter in ihren Grabkammern praktiziert, und so wollten es auch die Mitglieder des *Golden Dawn* fortgeführt wissen. Möglicherweise spielten dabei sowohl in Ägypten als auch in England Drogen eine Rolle. Jedenfalls kam es für jeden Initianden einer Auferstehung oder Neugeburt gleich, wenn er diese Phase unbeschadet durchstanden hatte.

Einen Eindruck der rituellen Arbeit erhält man am besten durch den Text des »Pentagramm-Rituals«: »Berühre die Stirn und sprich ›Ateh‹ (Dein ist), die Brust und sprich ›Malkuth‹ (das Reich), die rechte Schulter und sprich ›ve-Gebura‹ (und die Kraft), die linke Schulter und sprich ›ve-Gedulah‹ (und die Herrlichkeit). Lege die Hände über der Brust zusammen und sprich ›le Olam‹ (in Ewigkeit), Amen.

Ziehe danach ein Pentagramm (Fünfstern) nach Osten, deute kraftvoll in seine Mitte und rufe den Gottesnamen ›JHVH‹, ziehe danach dann ein Pentagramm nach Süden und rufe den Gottesnamen ›Adonai‹, ziehe dann ein Pentagramm nach Westen und rufe den Gottesnamen ›Eheie‹, ziehe dann ein Pentagramm nach Norden und rufe den Gottesnamen ›Agla‹. Vollende den Kreis im Osten.

Stelle dich mit ausgebreiteten Armen in Kreuzform hin und sprich: Vor mir Rafael, hinter mir Gabriel, zu meiner Rechten Michael, zu meiner Linken Uriel. Dabei stelle dir die riesigen Gestalten der Erzengel vor, die dich schützen und dir Kraft geben. Sprich dann: Um mich flammende Pentagramme, und über mir leuchtet der sechsstrahlige Stern. Schlage dann wie zu Anfang das kabbalistische Kreuz.«[124]

Ein solcher Text vermittelt das Ritual, bestehend aus bestimmten Bewegungsabläufen, nämlich das Ziehen von Pentagrammen einerseits, wodurch der heilige Raum strukturiert wird und dem Aussprechen machtvoller Gottesnamen andererseits. Letztere werden kraftvoll ausgesprochen, die einzelnen Silben hebräischer Namen werden lang gezogen, wobei sie mit hörbarer Vibration im richtigen Atemrhythmus ausgesprochen werden.

Denn durch Namen und Rituale werden alle Mächte geweckt und wiedererweckt, sagt Dion Fortune. Ihrer Meinung nach repräsentiert eine rituelle Handlung nicht nur symbolisch das göttliche Leben, sondern evoziert auch die innere spirituelle Kraft, die sich in konkreten Symbolen manifestiert. Das Ritual ist folglich nichts anderes als ein lebendiges Symbol.

Magische Farbenlehre und Tattwas

Im Jahre 1892 wurde von Mac Gregor Mathers ein »innerer« Orden, der *Ordo Rosae Rubae et Aurae Crucius* (Orden der roten Rose und des goldenen Kreuzes) gegründet, dem ausschließlich Mitglieder des *Golden Dawn* beitreten konnten, die bereits den 5. Grad des Adeptus Minor erlangt hatten. Jeder Adept dieses Geheimordens innerhalb eines Geheimordens mußte sich sieben rituelle Gegenstände zulegen: einen Kelch für das Element Wasser, einen Dolch für die Luft, eine Scheibe für die Erde, einen Zauberstab für das Feuer, ein Schwert für die feurige Energie des Planeten Mars, einen Rosenkranz und einen Lotusstab für die allgemeinen Beschwörungen. Diese Insignien erhielten unterschiedliche Farben, weil Farben, nicht nur nach der Auffassung des *Golden Dawn*, sogenannte Bindeglieder zwischen Geist und Materie darstellen. Farben überhaupt spielten in der Magie des *Golden Dawn* eine große Rolle. Mit ihnen wollte man die »Tore zum Unbewußten« öffnen und Astralvisionen hervorrufen.

Neben den Tarotkarten waren bei den Mitgliedern des Geheimordens besonders die sogenannten Tattwas beliebt.

Als Tattwas werden in der indischen Philosophie die fünf Grundprinzipien des Wesens aller Dinge bezeichnet, im grobstofflichen Bereich sind dies: Feuer, Erde, Wasser, Luft, Äther. Der Tantrismus ordnet diesen fünf Grundprinzipien farbige geometrische Symbole zu, die der *Golden Dawn* bei bestimmten Übungen zur Bewußtseinserweiterung benutzte.

Es handelte sich um folgende Symbole:
– ein silberfarbener, auf dem Rücken liegender Halbmond;
– ein rotes, gleichseitiges Dreieck;
– ein gelbes Quadrat;
– eine blaugrüne Scheibe;
– und ein dunkelviolettes Oval oder Ei.

Die Magier des *Golden Dawn* behaupteten, daß die fünf Elemente den fünf Hauptschichten oder Ebenen des Unbewußten entsprechen.

Durch Kombination dieser fünf Tattwas, indem man auf einem Tattwa eine kleinere Version eines der vier anderen Tattwas anbrachte, ließen sich leicht weitere zwanzig Sub-Tattwas bilden. Mit ihrer Hilfe wurde das Alltagsbewußtsein durch Visualisieren und Konzentrationsübungen ausgeschaltet, um zum »universellen« vordringen zu können. Aber noch ein weiterer, wichtiger Gedanke steht hinter dieser Technik: Mittels einer Vision tritt der Magier in dasjenige Elementarreich ein, das der Natur des gewählten Symbols – beispielsweise der Luft – blauer Kreis oder des Feuers – rotes Dreieck entspricht.

Hierfür hatte der *Golden Dawn* folgende Anleitung:

1. Zwinge den Geist, sich auf ein einziges imaginiertes Objekt zu konzentrieren. Die fünf Tattwas eignen sich hierfür. Gehe später zur Kombination einfacher Objekte über – also beispielsweise ein schwarzes Oval in einem gelben Kreis usw.

2. Fahre mit einfachen, sich bewegenden Objekten fort, etwa mit einem schwingenden Pendel, mit einem sich drehenden Rad usw. Meide lebendige Objekte.

5. Während dieser Übungen muß der Geist absolut auf das jeweils gewählte Objekt konzentriert bleiben. Kein anderer Gedanke darf in das Bewußtsein eindringen. Bewegliche Systeme sollen sich regelmäßig und harmonisch bewegen.

6. Vermeide Überanstrengung; dies ist sehr wichtig.

Die so entstandene Vision gleicht einem Traum, wobei jedoch das Wachbewußtsein nicht ausgeschaltet ist. Kritikfähigkeit oder Wille sind nach wie vor präsent. Die Magier des *Golden Dawn* behaupteten, daß man sich in diesem Zustand ein großes Spektrum des Wissens und der Gefühle zugänglich machen kann, die der spirituellen Entwicklung des Individuums förderlich sind.

Doch Männer wie Israel Regardie, Aleister Crowley oder William Butler Yeats und Frauen wie Dion Fortune oder die Schauspielerin Florence Farr wollten noch weitaus mehr erreichen. Sie betrachteten den Geist als eine Art Haus, dessen Dach in der Höhe Macht verheißt. Um jedoch auf dieses Dach zu gelangen, mußten Anstrengungen unternommen werden, wobei man, um im Bilde zu bleiben, in diesem »Haus« naturgemäß eine »Treppe« oder einen «Lift« benutzen kann. Mittels ihrer entwickelten magischen Technik riefen sie daher bestimmte Götter an, die metaphorisch die Treppe oder den Lift darstellten, und mit deren höheren Bewußtsein man sich vereinigen konnte, um ans Ziel zu kommen. Da diese Götter die verschiedenen kosmischen Ebenen der Energie und des Geistes repräsentierten, mußten sie, wie Regardie sagt, durch »Liebe und Ehrerbietung« gewonnen werden.

Kämpfe auf der Astralebene

Dion Fortune berichtete in einem ihrer Bücher über Kämpfe auf der Astralebene. Die Mitglieder des *Golden Dawn* waren einander nicht immer freundlich gesinnt. Auch Yeats und Crowley sollen untereinander Kämpfe mit Hilfe der Magie ausgetragen haben. Jedenfalls behauptete die englische Schriftstellerin, daß sie von Vestigia Mathers auf ähnliche Weise angegriffen worden sei, angeblich, weil sie in einigen Artikeln deren Mißfallen erregt hatte. Dion Fortune gab kund, sich durch Vestigia bedroht zu fühlen, daß ihr Dämonen erschienen und daß ihre Nachbarin von schwarzen Katzen heimgesucht worden wäre. Es wären so viele schwarze Katzen gewesen, daß sie sich nicht mehr getraut habe, aus dem Haus zugehen. Als schließlich eine riesige gefleckte Katze, doppelt so groß wie ein Tiger, in Dion Fortunes Treppenaufgang saß, wußte sie, was zu tun war – auch wenn das Tier durch intensives Anstarren verschwunden wäre. Die Schriftstellerin erklärte, eine Astralreise unternommen zu haben, wo sie gegen Vestigia Mathers einen gewaltigen Kampf ausfocht. Sie hätte diesen gewonnen, hätte allerdings feststellen müssen, daß ihr Rücken »mit Kratzern übersät war, als hätte mich eine Katze angefallen.«[125]

Als wenige Jahre später am Strand einer schottischen Insel die junge Netta Fornario tot aufgefunden wurde, tappte die Polizei bezüglich der Todesumstände im dunkeln. Netta Fornario zählte zum Geheimorden *Golden Dawn.* Ihr Leichnam war in einen schwarzen Umhang gehüllt, ihre Rechte umklammerte ein großes Messer. Todesursache unbekannt. Als Dion Fortune davon hörte, daß der Körper der jungen Frau zahllose Kratz-spuren wie von einem Tier aufwies, behauptete sie zielsicher, daß Netta Fornario einem astralen Angriff von Vestigia Mathers zum Opfer gefallen sei.

Wie man magische Kräfte entwickelt, und was man sich überhaupt darunter vorstellen muß, erfährt man ebenfalls durch Dion Fortune: »Ebenso wird uns die »Hod-Sphäre« [Be-reich der mentalen Bilder und der intellektuellen Anstren-gung] immer ein Buch mit sieben Siegeln bleiben, wenn wir keine magischen Fähigkeiten in uns haben, das heißt, wenn un-ser Intellekt nicht imstande ist, phantasievolle Bilder zu erzeu-gen. Wir können erst mit einer Sphäre arbeiten, wenn wir die Einweihung in sie empfangen haben, wodurch ihre Kräfte auf uns übertragen worden sind, um es in der Sprache der Kabba-listen auszudrücken.

Technisch gesehen findet bei der Arbeit mit den Mysterien diese Einweihung auf physischer Ebene durch ein Zeremoniell statt, das nicht zwangsläufig zum Erfolg führen muß. Der sprin-gende Punkt ist der, daß Anlagen, die nicht bereits latent vor-handen sind, auch nicht entwickelt werden können. Der wirkli-che Initiator ist das Leben selbst. Die Erfahrungen, die wir im Leben sammeln, aktivieren die als Anlage vorhandenen Fähig-keiten, soweit sie da sind. Die Einweihungszeremonie und die in den verschiedenen Graden vermittelten Lehren erfüllen le-diglich den Zweck, das vorher Unbewußte ins Bewußtsein zu heben und mittels des von höheren Intelligenzen gelenkten Willens die entwickelte Reaktionsfähigkeit auf bestimmte Sti-muli steuern zu können, die vorher nur durch willkürliche Reize gelenkt werden konnten.«[126]

Anders ausgedrückt: Ein wirklicher Magier ist Lenker und Herr seiner selbst, denn er weiß sich als Zentrum des Ausdrucks des ursprünglichen Willens Gottes, der auf ewig das Universum erschafft und erhält. Somit zieht er all seine Kraft aus dem unerschöpflichen Reichtum der grenzenlosen göttlichen Substanz.

QUELLENANGABEN

1. Laertius, Diogenes: Leben und Meinungen berühmter Philosophen, Hamburg 1990, 2. Buch, Kap. VIII S. 122.
2. Brennan, James H.: Astral-Projektion – Anleitung zu außerkörperlichen Erfahrungen, Freiburg 1991
3. Lytton, Edward Bulwer: Zanoni – Die Geschichte eines Magiers, Interlaken 1842
4. Time Life: Geheimnisse des Unbekannten, Überlieferte Weisheiten und Geheime Gesellschaften, Amsterdam, o. J. S. 103.
5. ebenda S. 191.
6. ebenda S. 203.
7. ebenda S. 101.
8. Biedermann, Hans: Das verlorene Meisterwort – Bausteine zu einer Kultur- und Geistesgeschichte des Freimaurertums, München 1988, S. 42.
9. Holroyd, Stuart: Gnostizismus, Braunschweig 1995, S. 53.
10. Vaillant, Bernard: Westliche Einweihungslehren, München 1992, S. 183.
11. Biedermann, Hans, S. 65.
12. Horneffer, August: Symbolik der Mysterienbünde, Schwarzenburg 1979 (Reprint der Ausg. Berlin 1924), S. 47.
13. Oskar Wirth zitiert in: Mellor, Alec: Logen, Rituale, Hochgrade. Handbuch der Freimaurerei. Sonderausgabe, o.O. 1985, S. 303.
14. Matthews, Caitlin u. John: Der westliche Weg, Band 2, Hamburg 1989, S. 17.
15. Giebel, Marion: »Das Geheimnis der Mysterien«, München 1990, S. 8 (Apuleius, Metamorphosen 11, 23).

16. ebenda S. 48.

17. ebenda S. 137.

18. Paulus, Brief an die Kolosser 2, 18.

19. Gnosis – Das verborgene Buch der Evangelien, Hrsg. Werner Hörmann, Augsburg 1994, S. 11.

20. ebenda.

21. Holroyd, Stuart, S. 24.

22. Lacarrière, Jacques: Les Gnostiques, Paris, Gallimard, o.J. A. S. 111.

23. Biedermann, Hans, S. 190.

24. Plotins Schriften, Band III a, Hamburg 1964, Kap. 30.

25. Holroyd, Stuart, S. 36.

26. Plotins Schriften, Kap. 30.

27. Lindenberg, Wladimir: Riten und Stufen der Einweihung, Freiburg 1988, S. 223.

28. ebenda S. 223.

29. ebenda S. 23.

30. Duerr, Hans Peter: Traumzeit – Über die Grenze zwischen Wildnis und Zivilisation, Frankfurt 1978, S. 134.

31. »Über den Rand des tiefen Canyon – Lehren indianischer Schamanen«, Hg. Dennis und Barbara Tedlock, München 1994, S. 21.

32. ebenda S. 19.

33. Hadewych zitiert in: Duerr, Hans Peter, S. 91.

34. Markale, Jean: Die Katharer von Montségur, München 1990, S. 222.

35. Lévi, Eliphas zitiert in: Bruno Martin, Handbuch der spirituellen Wege, Basel 1993, S. 223.

36. Markale, Jean, S. 233.

37. Herm, Gerhard: Die Kelten – Das Volk, das aus dem Dunkel kam, Hamburg 1977, S. 188.

38. Lévi, Eliphas zitiert in: Bruno Martin, Basel 1993, S. 223.

39. Borst, Arno: Die Katharer, Freiburg 1991, S. 61.

40. ebenda S. 63f.

41. Markale, Jean, S. 180.

42. Borst, Arno, S. 111.

43. ebenda S. 127.

44. ebenda S. 153.

45. Holroyd, Stuart, S. 118.

46. Borst, Arno, S. 104.

47. Markale, Jean, S. 302.

48. ebenda S. 309.

49. Hancock, Graham: Die Wächter des heiligen Siegels – Auf der Suche nach der verlorenen Bundeslade, Bergisch Gladbach, 1994, S. 460.

50. Froidmont, Helinand de: Chronique universelle, Hrsg. Jacques Paul Migne, Series Latina, Bd. 212, Paris 1855, S. 98.

51. Vaillant, Bernard, S. 73.

52. ebenda S. 69.

53. ebenda S. 124.

54. Biedermann, Hans, S. 123.

55. Gerhard Zacharias zitiert in: Biedermann, Hans, S. 126.

56. ebenda S. 126.

57. Kersten, Holger/Gruber, Elmar: Das Jesus Komplott – Die Wahrheit über das Turiner Grabtuch, München 1992, S. 253.

58. ebenda S. 254.

59. Vaillant, Bernard, S. 76.

60. Raymond Bernard zitiert in: Vaillant, Bernard, S. 78.

61. ebenda S. 84.

62. ebenda S. 114.

63. Wichmann, Jörg: Die Renaissance der Esoterik – eine kritische Orientierung, Stuttgart 1990, S. 73.

64. Biedermann, Hans.

65. ebenda S. 177.

66. Charpentier, Louis: Die Geheimnisse der Kathedrale von Chartres, Köln 1973, S. 12.

67. ebenda S. 13.

68. Walter B. Emery zitiert in: Hancock, Graham S. 304.

69. ebenda S. 318.

70. Isaac Newton zitiert in: Hancock, Graham, S. 319.

71. John Anthony West zitiert in: ebenda S. 297.

72. Vaillant, Bernard, S. 112.

73. Hancock, Graham, S. 342.

74. Biedermann, Hans, S. 91.

75. Time Life, S. 89f.

76. Biedermann, Hans, S. 129.

77. Time Life, S. 103.

78. ebenda S. 103.

79. Biedermann, Hans, S. 205.

80. Holtorf, Jürgen: Die verschwiegene Bruderschaft – Freimaurer-Logen: Legende und Wirklichkeit, München 1983, S. 193.

81. Mellor, Alec, S. 369.

82. Eco, Umberto: Das Foucaultsche Pendel, München, Wien, 1989, S. 682.

83. Jong, Heleen de M. E.: Spirituelle Alchemie, in: »Von Buddha bis C. G. Jung, Religion als lebendige Erfahrung«, Hrsg. Marcel Messing, Freiburg 1990, S. 213.

84. ebenda S. 229.

85. Morienus zitiert in: ebenda S. 217.

86. Vaillant, Bernard, S. 167.

87. ebenda S. 165.

88. ebenda S. 168.

89. ebenda S. 168.

90. ebenda S. 169.

91. ebenda S. 171.

92. ebenda S. 174f.

93. Franz Hartmann zitiert in: Biedermann, Hans, S. 115.

94. Meyrinck, Gustav: Der Golem, München 1984, S. 121.

95. Regardie, Israel: Die Elemente der Magie, Hamburg 1991, S. 163f.

96. Gnosis – Das Buch der verborgenen Evangelien, S. 71.

97. Vaillant, Bernard, S. 82.

98. Scholem, Gershom: Die Gestalt der Gottheit, Frankfurt, o.J., S. 77.

99. Nathan von Gaza zitiert in: ebenda S. 80.

100. Schuster, Georg: Geheime Gesellschaften, Verbindungen und Orden, Wiesbaden 1995, S. 148.

101. Wilson, Anton Robert: Cosmic Trigger, Basel 1979, S. 289.

102. Schuster, Georg; 165f.

103. ebenda. S. 174.

104. ebenda S. 176.

105. ebenda S. 176.

106. Duerr, Hans-Peter, s. o. S. 20.

107. Will-Erich Peuckert zitiert in: Duerr, Hans Peter: Können Hexen fliegen? in: Zeitschrift für Parapsychologie und Grenzgebiete der Psychologie, Jahrgang 20, Nr. 2, Freiburg im Breisgau 1978, S. 77.

108. Hexenwelten – Magie und Imagination, Frankfurt 1987, S. 128 f..

109. Starhawk: Mit Hexenmacht die Welt verändern, Freiburg 1981, S. 21.

110. Starhawk zitiert in: Martin, Bruno: Handbuch der spirituellen Wege, Hamburg 1985, S. 322 f.

111. Crowley, Aleister: Das Buch des Gesetzes, Basel 1981

112. Gasper/Müller/Valentin: Lexikon der Sekten, Sondergruppen und Weltanschauungen – Fakten, Hintergründe, Klärungen, Freiburg i. Breisgau, 1990, S. 788, 789 und 940 zeigen eine starke Tendenz, A. Crowley als Neubegründer

des modernen Satanismus hinzustellen, was sein wirkliches Anliegen zu stark vereinfacht.

113. Crowley, Aleister

114. Blake, William: Die Hochzeit von Himmel und Hölle, Berlin 1958, S. 269.

115. A. Crowley zitiert in: Regardie, Israel, S. 136.

116. Eliphas Lévi zitiert in: Wichmann, Jörg, S. 102.

117. H. Blavatsky zitiert in: Wolfgang Bauer, Irmtraud Dümotz, Sergius Golowin, Lexikon der Symbole, München 1989, S. 510.

118. ebenda.

119. Hermann Rudolf zitiert in: Ruppert, Hans-Jürgen: Theosophie – unterwegs zum okkulten Übermenschen, R.A.T. Band 2. Konstanz 1993, S. 104.

120. ebenda S. 75.

121. Gurdijeff zitiert in: Bauer, Dümotz, Golowin: Lexikon der Symbole, S. 508.

122. Israel Regardie zitiert in: Wichmann, Jörg, S. 105.

123. Alfred Edward Waite zitiert in: Time Life, S. 148.

124. Wichmann, Jörg, S. 105f.

125. Dion Fortune zitiert in: Time Life, S. 155.

126. Regardie, Israel, S. 110.

WEITERFÜHRENDE LITERATUR

Allgemein

Terhat, Franjo: Das Geheimnis der Eingeweihten, Kreuzlingen 1996

Mysterienkulte

Giebel, Marion: Das Geheimnis der Mysterien, München 1993.

Riedel, Ingrid: Demeters Suche. Mütter und Töchter, Zürich 1986.

Üxküll, W. von: Die eleusischen Mysterien, Bündingen-Gettenbach 1957.

Pronay, Alexander von: Mithras und die Geheimen Kulte der Römer, Freiburg 1989.

Kerényi, Karl: Die Mysterien von Eleusis, Zürich 1962.

Schamanismus und Hexenkult

Castaneda, Carlos: Die Lehren des Don Juan, Frankfurt 1972.

Duerr, Hans Peter: Traumzeit. Über die Grenze zwischen Wildnis und Zivilisation, Frankfurt 1978.

King, Serge Kahili: Der Stadt-Schamane, Freiburg 1992.

Starhawk: Mit Hexenmacht die Welt verändern, Freiburg 1991.

Starhawk: Der Hexenkult als Ur-Religion der Großen Göttin, Freiburg 1983.

Donner, Florinda: Die Lehren der Hexe, München 1986.

Dülmen, Richard von, Hrsg.: Hexenwelten, Magie und Imagination, Frankfurt 1993.

Wichmann, Jörg: Wicca, die magische Welt der Hexen. Geschichte, Mythen, Rituale, Berlin 1984.

Gnostizismus

Brumlik, Micha: Die Gnostiker, Frankfurt 1992.

Holroyd, Stuart: Gnostizismus, Braunschweig 1995.

Dietzfelbinger, Konrad: Erlöser und Erlösung – Texte aus Nag Hammadi, Andechs 1990.

Sloterdijk, Peter: Weltrevolution der Seele – Ein Lese- und Arbeitsbuch der Gnosis von der Spätantike bis zur Gegenwart, Winkler 1991.

Walker, Benjamin: Gnosis – Vom Wissen göttlicher Geheimnisse, München 1992.

Pagels, Elaine: Versuchung durch Erkenntnis – Die gnostischen Evangelien, Frankfurt 1981.

Druiden

Markale, Jean: Die Druiden, München 1982.

Katharer

Borst, Arno: Die Katharer, Freiburg 1991.

Markale, Jean: Die Katharer von Montségur, München 1983.

Templer

Beck, Andreas: Der Untergang der Templer, Freiburg 1992.

Charpentier, Louis: Macht und Geheimnis der Templer, Freiburg 1978.

Eliade, Mircea: Schmiede und Alchemisten, Stuttgart 1980.

Gralssucher

Matthews, John: Der Gralsweg, München 1989.

Lengyel, Lancelot: Das geheime Wissen der Kelten, Freiburg 1976.

Leigh/Baigent/Lincoln: Der Heilige Gral und seine Erben, Bergisch Gladbach, 1984.

Camelot, Norma Lorre: König Artus, der Gral und die Entschlüsselung einer Legende, Frankfurt 1994.

Tolstoy, Nikolai: Auf der Suche nach Merlin, München 1992.

Alchimisten

Evola, Julius: Die hermetische Tradition, Interlaken 1989.

Al Ghasali: Das Elexier der Glückseligkeit, Köln 1977.

Kabbalisten

Laars, R. H.: Eliphas Lévi, der große Kabbalist und seine magischen Werke, Wiesbaden o.J.

Regardie, Israel: Die Elemente der Magie, Reinbek 1993.

Scholem, Gershom: Die jüdische Mystik in ihren Hauptströmungen, Frankfurt 1980.

Rosenkreuzer

Wehr, Gerhard: Die Bruderschaft der Rosenkreuzer, Köln 1984.

Frick, Karl R. H.: Die Erleuchteten, Gnostisch-theosophische und alchemistisch-rosenkreuzerische Geheimgesellschaften, Graz 1973.

Schick, Hans: Die geheime Geschichte der Rosenkreuzer, Schwarzenburg 1980 (Reprint von 1942).

Freimaurer

Bokor, Charles v. Winkelmaß und Zirkel. Die Geschichte der Freimaurerei, München 1980.

Biedermann, Hans: Das verlorene Meisterwort – Bausteine zu einer Kultur- und Geistesgeschichte des Freimaurertums, München 1986.

Horneffer, August: Symbolik der Mysterienbünde, Schwarzenburg 1979.

Ludendorff, Erich: Vernichtung der Freimaurerei, München 1927.

Theosophie

Blavatsky, Helena: Der Schlüssel zur Theosophie, Graz 1969.

Steiner, Rudolf: Theosophie, Stuttgart 1973.